ドリル王国へようこそ!!
ドリル王子
王様になるために毎日がんばっているよ！
1
勉強するときは、このドリルをつかっているよ！
2
そっ、それは！
3
しっかり練習できて…
切り取れる！
キリトリ
4
がんばりひょうがついている…
ド
5
そう…それは
ドリルの王様！
1年の かん字 ドリルの王様
ジャーーン！
6
ほかにもこんなものがありますぞ！
うん うん
7
ふろくボード
車 左 右 年 生 男
プリふれ
プリンターをつかって楽しく学べるよ！
ふくとキレイに！
いっしょにがんばろう!!

※「プリふれ」はブラザー販売株式会社のコンテンツです。

ドリル王子の日常

ドリル王子と海遊び

ドリル王子とおかし

もくじ　1年の　かん字

きほんのドリル

1 かたかなの おさらい

名まえ

月　日

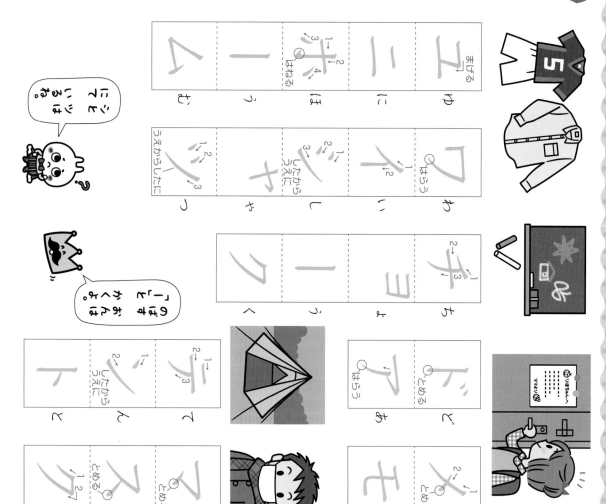

❶ かたかなを　なぞって　かきましょう。

メモ（め も）　1 2 とめる

マスク（ま す く）　とめる　とめる　1 2

ドア（ど あ）　とめる　はらう

テント（て ん と）　1 2 3　1 2 したから うえに

チョーク（ち ょ う く）　1 2 3

ワイシャツ（わ い し ゃ つ）　はらう　1 2　1 2 3 したから うえに　1 2 3 うえからしたに

ユニホーム（ゆ に ほ う む）　まげる　1 2 3 4 はねる

❷ ——の　ぶぶんが　ただしい　ほうに、○を　つけましょう。

（　）ヲット
（　）ヨット

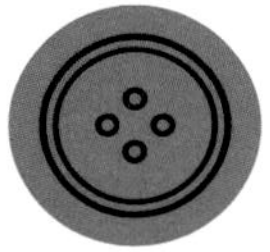

（　）ボタン
（　）ボタソ

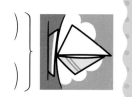

きほんのドリル

2 かずの かん字 一・二・三

月	日	もくひょうじかん 15ふん
名まえ	ごうかく80てん	/100てん

かいて おぼえよう！

一
とめる

おん	イチ・イツ
くん	ひと・ひとつ
ことば	一(いち)ばん　一(いち)わ　同一(どういつ)　一口(ひとくち)　一(ひと)つ
1かく	一
ぶしゅ	一(いち)

二
ながく

おん	ニ
くん	ふた・ふたつ
ことば	二(に)ど　二年(にねん)　二言目(ふたことめ)　二(ふた)つ
2かく	一　二
ぶしゅ	二(に)

三
みじかく

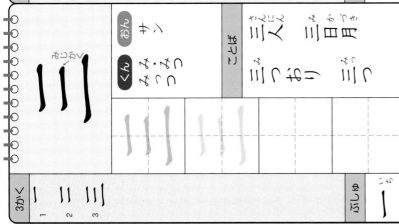

おん	サン
くん	み・みつ・みっつ
ことば	三人(さんにん)　三日月(みかづき)　三(み)つおり　三(みっ)つ
3かく	一　二　三
ぶしゅ	一(いち)

1 よみがなを かいてから、なぞりましょう。
40てん(ひとつ10)

①（　　）一わ

②（　　）一つ

③（　　）二つ

④（　　）三つ

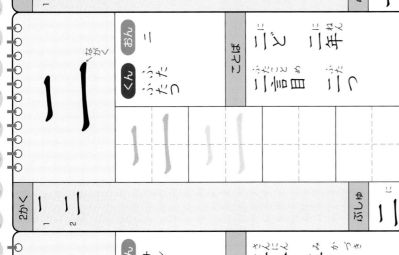

❷ □に あてはまる かん字(じ)を かきましょう。

① りんごを □(ひと)つ もらった。

② あめを □(いっ)こ たべた。

③ 本(ほん)を □(に)さつ かった。 ☞p.35

④ □(ふた)つ目(め)の えきで おりた。 ☞p.21

⑤ ねこが □(さん)びき いる。

⑥ おとうとは、□(みっ)つに なった。

矢印(やじるし)で示(しめ)したページは、その漢字(かんじ)が出てくる「きほんのドリル」の学習(しゅう)ページです。
①～⑥「一」「二」「三」は、横線(よこせん)で数(かず)を示した漢字です。①～⑥にはどれが入るでしょう。

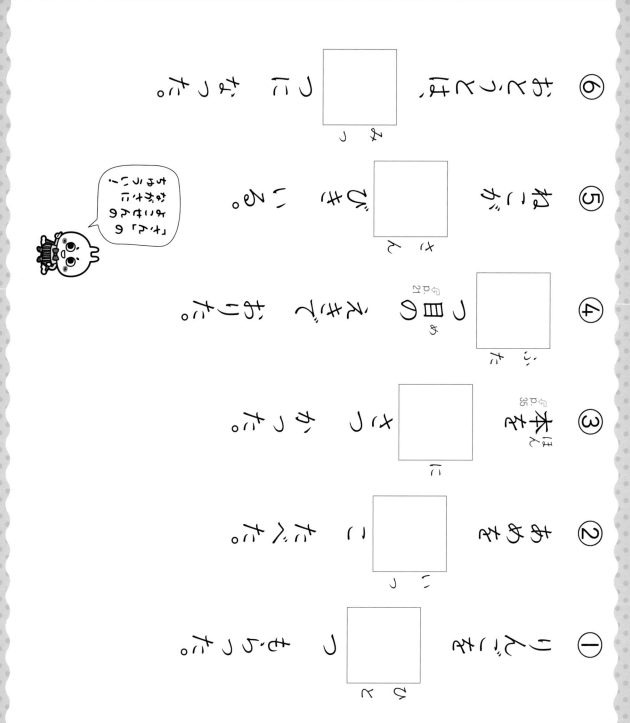

きほんのドリル 3

かずの かん字（じ）

四・五・六

名まえ	月 日	もくひょうじかん 15ふん
	ごうかく80てん	/100てん

かいて おぼえよう！

四

まげる

- おん：シ
- くん：よ・よう / よっ・つ・よん

ことば：四角（しかく）　四人（よにん）　四つ角（よつかど）　四つ（よっつ）　四こ（よんこ）

5かく：1 丨　2 冂　3 冂　4 四　5 四

ぶしゅ：口（くにがまえ）

五

ながく↓

- おん：ゴ
- くん：いつ / いつ・つ

ことば：五こ（ごこ）　五年生（ごねんせい）　五日（いつか）　五つ（いつつ）

4かく：1 一　2 丆　3 五　4 五

ぶしゅ：二（に）

六

とめる

- おん：ロク
- くん：む・むっ / むっ・つ・むい

ことば：六月（ろくがつ）　六月目（むつきめ）　六つ（むっつ）　六日（むいか）

4かく：1 丶　2 亠　3 六　4 六

ぶしゅ：八（は）

1 よみがなを かいてから、なぞりましょう。 40てん（一（ひと）つ10）

① 四つ（　　）

② 五こ（　　）

③ 五つ（　　）

④ 六つ（　　）

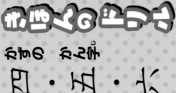

2 □に　あてはまる　かん字(じ)を　かきましょう。　60てん(一つ10)　

① いもうとは、□(よっ)つ　ちがいだ。

② とうふを　□(し)かくに　きった。

③ □(いっ)つ目(め)の　かど。 ☞p.21

④ えんぴつを　□(ご)本(ほん)　かった。 ☞p.35

⑤ ボ(ぼ)ール(うる)を　□(むっ)つ　かごに　入(い)れた。 ☞p.67

⑥ □(ろっ)かいまで　かいだんで　上(あ)がる。 ☞p.43

③・④の漢字(かんじ)の横線(よこせん)は、上よりも下を長(なが)く書(か)きます。
⑥「ろく」は、あとにカ行(ぎょう)の音がくるときは、「ろっ」になります。

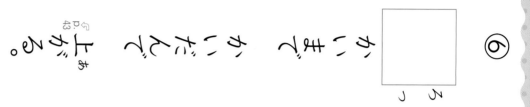

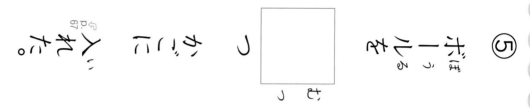

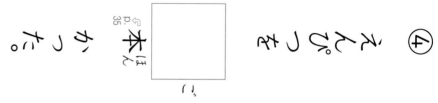

月　日　もくひょうじかん15ふん

名まえ

ごうかく80てん　/100てん

きほんのドリル 4

かずの かん字(じ)　七・八・九

かいて おぼえよう!

七	
2かく	1 一　2 七
	まげる
おん	シチ
くん	なな・ななつ・なの
ことば	七月(しちがつ)　七草(ななくさ)　七つ(ななつ)　七日(なのか)
ぶしゅ	一(いち)

八	
2かく	1 ノ　2 八
	あげる
おん	ハチ
くん	や・やっつ・やつ・よう
ことば	八月(はちがつ)　八重(やえ)ざくら　八つ(やっつ)　八日(ようか)
ぶしゅ	八(はち)

九	
2かく	1 ノ　2 九
	はねる
おん	キュウ・ク
くん	ここの・ここのつ
ことば	九(きゅう)こ　九月(くがつ)　九日(ここのか)　九つ(ここのつ)
ぶしゅ	乙(おつ)

1 よみがなを かいてから、なぞりましょう。 40てん(一(ひと)つ10)

① (　　) 七つ

② (　　) 八つ

③ (　　) 九こ

④ (　　) 九つ

ていねいに かこうね。

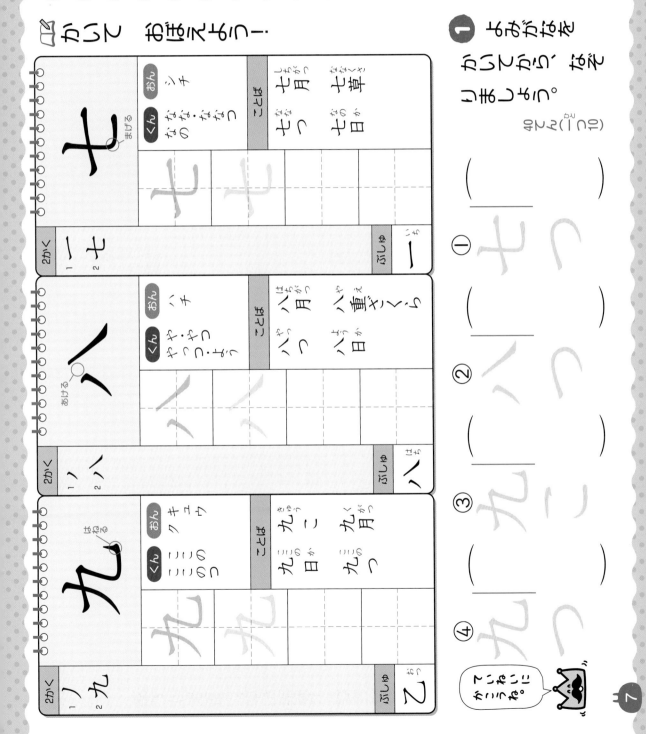

2 □に　あてはまる　かん字(じ)を　かきましょう。 60てん(一(ひと)つ10)

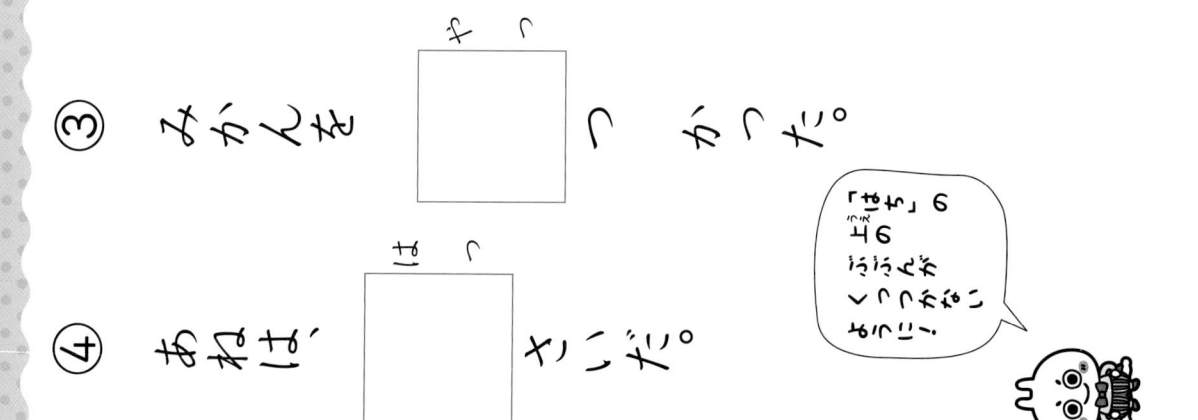

① ほしを　□(なな)つ　かぞえる。

② □(しち)五三(ごさん)の　おまいり。 p.5 p.3

③ みかんを　□(やっ)つ　かった。

④ あねは、□(はっ)さいだ。

⑤ □(ここの)つの　ものがたりを　よむ。

⑥ 子(こ)どもが　□(きゅう)人(にん)　あつまった。 p.27 p.25

②の漢字(かんじ)の読(よ)みは、「ひち」ではなく「しち」です。
④「はち」は、あとにサ行(ぎょう)の音(おと)がくるときは、「はっ」となります。

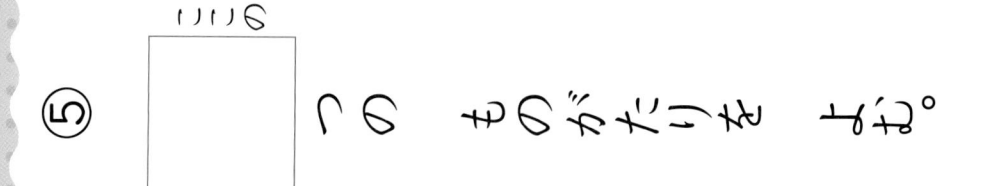

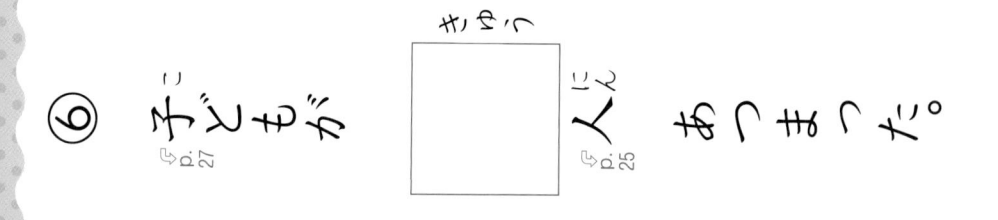

5 きほんのドリル

かずの かん字（じ）

十・百・千

名まえ

月　日

もくひょうじかん 15ふん

ごうかく80てん

/100てん

かいて おぼえよう！

十（とめる）
2かく：一 十
おん：ジュウ　ジッ
くん：とお　と
ことば：十月（じゅうがつ）　十回（じっかい）　十日（とおか）　十人十色（じゅうにんといろ）
ぶしゅ：十（じゅう）

百（ながく）
6かく：一 ア 了 丙 百 百
おん：ヒャク
ことば：百円（ひゃくえん）　百日ぜき（ひゃくにちぜき）　百人（ひゃくにん）　百年（ひゃくねん）
ぶしゅ：白（しろ）

千（ななめ）
3かく：ノ 二 千
おん：セン
くん：ち
ことば：千円（せんえん）　千人（せんにん）　千草（ちぐさ）　千代紙（ちよがみ）
ぶしゅ：十（じゅう）

1 よみがなを かいてから、なぞりましょう。

40てん（一つ10）

① 十人（　　）

② 十日（　　）

③ 百年（　　）

④ 千円（　　）

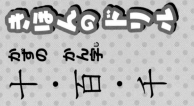

2 □に　あてはまる　かん字を　かきましょう。

60てん（一つ10）

① つぎは、□（とお）日（か）が　休（やす）みだ。　☞p.13　☞p.65

② えんぴつが　□（じっ）本（ぽん）　ある。　☞p.35

③ □（ひゃく）さいの　おばあちゃん。

④ 五（ご）□（ひゃく）円（えん）の　おこづかい。　☞p.5　☞p.37

⑤ □（せん）年（ねん）まえに　かかれた　ものがたり。　☞p.33

⑥ きれいな　□（ち）代紙（よがみ）で　つるを　おる。

＊つる＝ここでは、「おりづる」の　こと。

① 「とうか」と　ならないよう、かなづかいにも気をつけましょう。
⑥ 「ち代紙」は、古（ふる）くから日本に伝（つた）わる美（うつく）しい紙です。

6 まとめの テスト1

名まえ　月　日　もくひょうじかん20ぷん　ごうかく80てん　/100てん

1 ――の かん字の よみがなを かきましょう。　50てん（一つ5）

① えんぴつが 一本（ぽん） ある。（　　）（　　）

② 四つばの クローバー（くろうばあ）を 二つ 見（み）つける。（　　）（　　）

③ 千円（えん） もらって、五百円 つかった。（　　）（　　）

④ 九じに ねて、七じに おきる。（　　）（　　）

⑤ りんごが 六つ ある。（　　）（　　）

⑥ 三月（がつ）生まれの ともだち。（　　）

⑦ 八十年（ねん）も まえの はなし。（　　）

2 □に あてはまる かん字(じ)を かきましょう。

50てん(ひとつ5)

① ここには 昔(むかし)、□(ここの)つの 池(いけ)が あった。

② □(ろっ)かいだての ビルの □(よん)かい。

③ □(なな)色(いろ)の にじが きれいだ。

④ □□(さんびゃく)人(にん) あつまる。

⑤ □(いち)から □(じゅう)まで かぞえる。

⑥ □□(にせん)円(えん)で □(ご)円の おつり。

⑦ □(よう)日(か)まえの できごと。

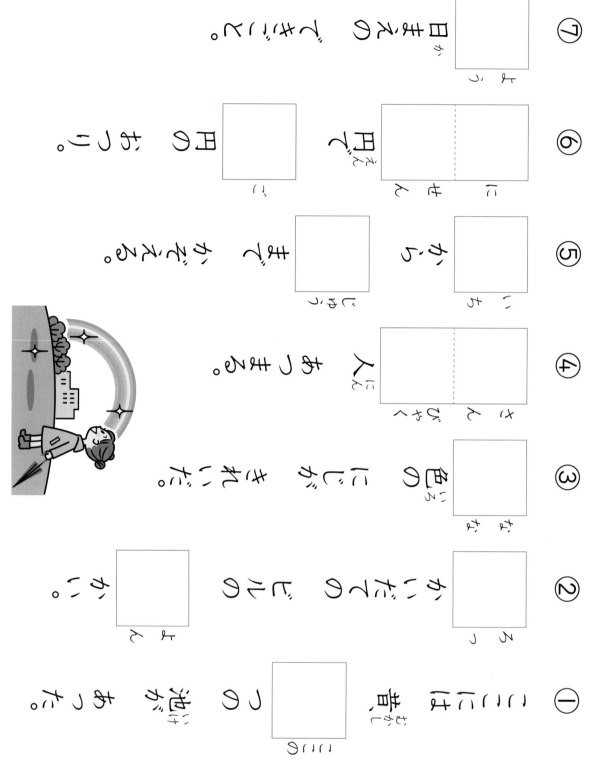

きほんのドリル 7

よう日の かん字(じ)
日・月

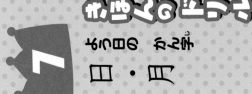

名まえ　月　日
もくひょうじかん15ふん
ごうかく80てん　/100てん

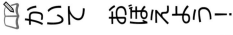

かいて おぼえよう!

日（つきでない）

4かく	
筆順	1 丨　2 冂　3 日（3画目）　4 日
おん	ニチ　ジツ
くん	ひ　か
ことば	日曜日(にちようび)　本日(ほんじつ)　夕日(ゆうひ)　三日(みっか)
ぶしゅ	日（ひ）

月（はねる）

4かく	
筆順	1 丿　2 冂　3 月（3画目）　4 月
おん	ゲツ　ガツ
くん	つき
ことば	月曜日(げつようび)　正月(しょうがつ)　月見(つきみ)　毎月(まいつき)
ぶしゅ	月（つき）

よう日の かん字は 七(なな)つ あるよ。

1 よみがなを かいてから、なぞりましょう。　40てん(一(ひと)つ10)

① 本日（　　）
② 夕日（　　）
③ 正月（　　）
④ 月見（　　）

正(ただ)しく かけたかな。

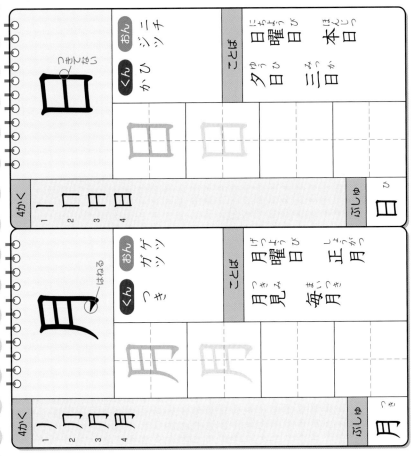

2 □に　あてはまる　かん字を　かきましょう。

60てん（一つ10）

① あしたは、□（にち）曜（よう）びだ。

② 本（ほん）p.35□（じつ）は、よい　天気（てんき）p.61 p.63だ。

③ 週（しゅう）に　三（みっ）p.3□（か）、ならいごとに　かよう。

④ 今（こん）□（げつ）は、うんどうかいが　ある。

⑤ おとうとは、五（ご）p.5□（がつ）生（う）p.33まれだ。

⑥ □（つき）の　ひかりが　さしこむ。

①〜③の漢字（かんじ）には、「ニチ・ジツ・ひ・か」の四つの読（よ）み方（かた）があります。
④〜⑥は、みかづきの形（かたち）を表（あらわ）した漢字です。

きほんのドリル

8 よう日の かん字 火・水

もくひょうじかん 15ふん

月　日

名まえ

ごうかく80てん　/100てん

かいて おぼえよう！

火（はらう）

おん：カ

くん：ひ （ほ）

ことば：火山（かざん）　火曜日（かようび）　火花（ひばな）　すみ火（すみび）

4かく：1 丶　2 丷　3 𠂉　4 火

ぶしゅ：火（ひ）

水（はねる）

おん：スイ

くん：みず

ことば：水道（すいどう）　水曜日（すいようび）　水あめ（みずあめ）　水玉（みずたま）

4かく：1 亅　2 𠃌　3 氺　4 水

ぶしゅ：水（みず）

ようびを あらわす かん字は、よく つかうから しっかり おぼえよう。

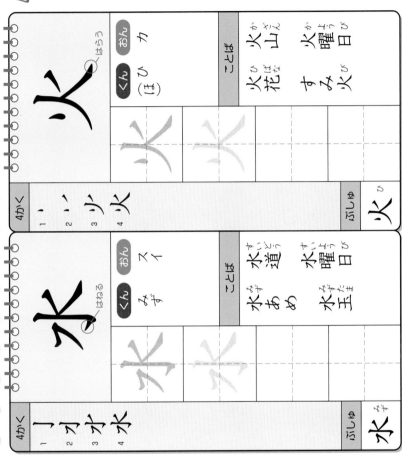

1 よみがなを かいてから、なぞりましょう。　40てん（一つ10）

① 火山（　　　）

② 火花（　　　）

③ 水どう（　　　）

④ 水玉（　　　）

れんしゅう しよう。

2 □に あてはまる かん字を かきましょう。

① □（か）曜日は、五じかん目まで ある。 ☞p.13 ☞p.5 ☞p.21

② 山□（か）じが おきる。 p.51

③ ろうそくの □（ひ）を けす。

④ すいかは、□（すい）分が おおい。

⑤ □（すい）曜日に 本を かえす。 ☞p.13 ☞p.35

⑥ □（みず）を たくさん のむ。

①〜③の漢字は、一・二画目が、「人」につかないように書きます。
④〜⑥の漢字の左側は一画で、右側は二画で書きます。

9 よう日のかん字 木・金・土

名まえ　月　日　もくひょうじかん15ふん　ごうかく80てん　/100てん

かいて　おぼえよう！

木（4かく）

書きじゅん：一 十 オ 木

木（←とめる）

おん：ボク　モク
くん：き　こ

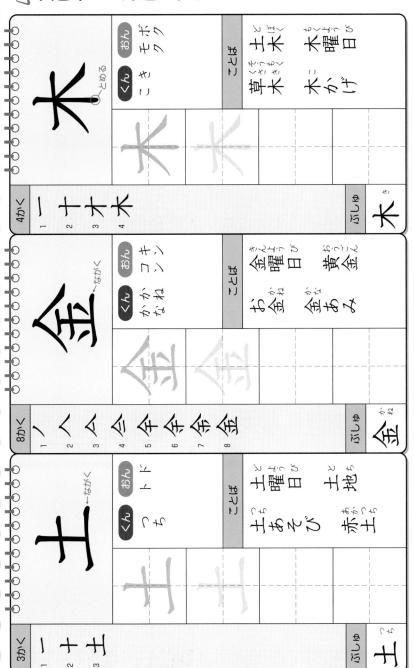

ことば：土木（どぼく）　木曜日（もくようび）　草木（そうもく／くさき）　木かげ（こかげ）

ぶしゅ：木（き）

金（8かく）

書きじゅん：ノ 人 𠆢 今 全 全 金 金

金（←ながく）

おん：キン　コン
くん：かね　かな

ことば：金曜日（きんようび）　黄金（おうごん）　お金（おかね）　金あみ（かなあみ）

ぶしゅ：金（かね）

土（3かく）

書きじゅん：一 十 土

土（←ながく）

おん：ド　ト
くん：つち

ことば：土曜日（どようび）　土地（とち）　土あそび（つちあそび）　赤土（あかつち）

ぶしゅ：土（つち）

1 よみがなを かいてから、なぞりましょう。

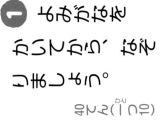

40てん（一つ10）

① 土木（　　）

② 草木（　　）

③ お金（　　）

④ 赤土（　　）

てい ねいに かこうね。

2 □に あてはまる かん字を かきましょう。

60てん（一つ10）

① □（もく）曜日の よるに アニメを 見る。

② にいさんは、□（き）のぼりが じょうずだ。

③ 本の だい □（きん）を はらった。

④ お□（かね）を ちょきんばこに 入れる。

⑤ □（ど）足で あるきまわる。

⑥ スコップで □（つち）を ほる。

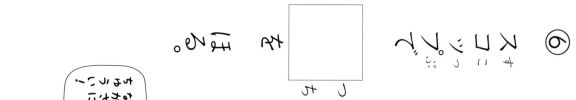

①・②の漢字は、「水」と形が似ているので注意します。
③・④の漢字は、六・七画目の向きに注意して書きます。八画目は長く書きます。

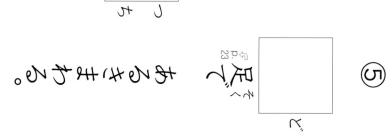

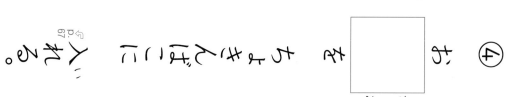

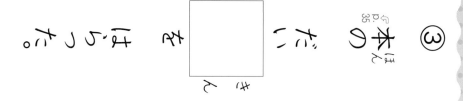

10 まとめの テスト2

もくひょうじかん 20ぷん

月　日

名まえ

ごうかく80てん

/100てん

1 ——の かん字の よみがなを かきましょう。 50てん（一つ5）

① 火じに 気を つけよう。

② 五月五日は、子どもの 日だ。

③ つめたい 水で かおを あらう。

④ 今週は、金曜日から 日曜日まで 休みだ。

⑤ 土曜日に 花火大会が ある。

⑥ 木に のぼる。

⑦ お金を つかう。

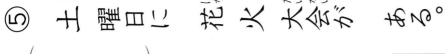

2 □に　あてはまる　かん字(じ)を　かきましょう。

50てん（一(ひと)つ5）

① にわで　□(つち)　あそびを　する。

② □□(つき　ひ)　が　たつのは、早(はや)い。

③ 夜空(よぞら)に　うかぶ　まん　□(げつ)　。

④ □(きん)　色(いろ)の　おりがみ。

⑤ □(みず)　を　かけて　□(ひ)　を　けす。

⑥ ひろい　□(と)　地(ち)に　□(き)　を　うえる。

⑦ □(もく)　曜(よう)びに　□(すい)　ぞくかんへ　いく。

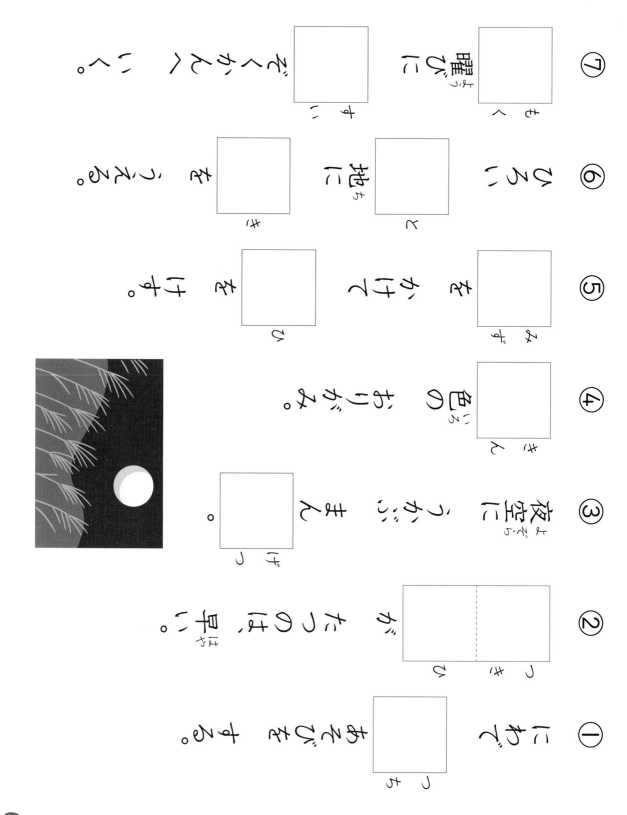

11 からだの かん字 口・目・耳

もくひょうじかん15ふん

月　日

名まえ

ごうかく80てん　/100てん

かいて おぼえよう！

口

3かく　1 丨　2 𠃌　3 口

おる

くん：くち
おん：コウ　ク

ことば：火口（かこう）　人口（じんこう）　口調（くちょう）　口笛（くちぶえ）　出口（でぐち）

ぶしゅ：口（くち）

目

5かく　1 丨　2 𠃍　3 月　4 目　5 目

つける

くん：め　（ま）
おん：モク　（ボク）

ことば：目前（もくぜん）　目的（もくてき）　科目（かもく）　目あて（めあて）　目玉（めだま）

ぶしゅ：目（め）

耳

6かく　1 一　2 丅　3 下　4 F　5 E　6 耳

つきでる

くん：みみ
おん：（ジ）

ことば：耳うち（みみうち）　耳もと（みみもと）　空耳（そらみみ）　初耳（はつみみ）

ぶしゅ：耳（みみ）

1 よみがなを かいてから、なぞりましょう。

40てん（一つ10）

①人口（　　）

②出口（　　）

③目玉（　　）

④空耳（　　）

おぼえたかな。

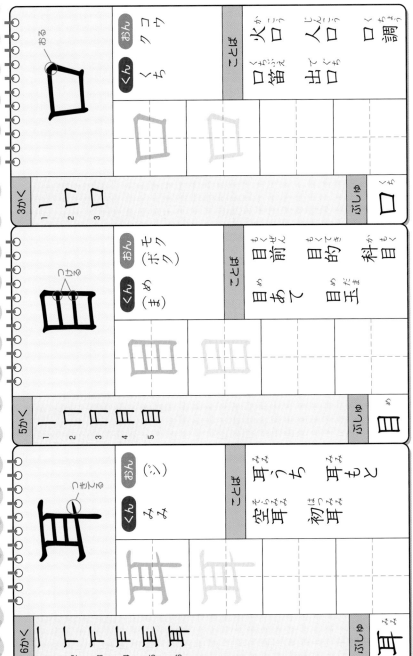

❷ □に あてはまる かん字(じ)を かきましょう。

60てん(一(ひと)つ10)

① □(くち)を 大(おお)きく あける。 p.41

② 年(とし)ごとに ふえる 人(じん)□(こう)。 p.33 p.25

*人こう＝ある ばしょに すむ 人(ひと)の かず。

③ まいあさ 六(ろく)じに □(め)が さめる。 p.5

④ すきな 科(か)□(もく)は、こくごだ。

⑤ □(みみ)に 水(みず)が 入(はい)った。 p.15 p.67

⑥ ドア(どあ)の そとで きき□(みみ)を 立(た)てる。 p.65

12 きほんのドリル

からだの かん字

手・足・力

月　日

もくひょうじかん15ふん

名まえ

ごうかく80てん

/100てん

1 よみがなを かいてから、なぞりましょう。

40てん(一つ10)

① 右手（　　）

② 土足（　　）

③ 足音（　　）

④ 学力（　　）

かいて おぼえよう！

手（はねる）

おん：シュ

くん：て・(た)

ことば：手話（しゅわ）　歌手（かしゅ）　選手（せんしゅ）　手紙（てがみ）　手本（てほん）　右手（みぎて）

4かく：1 一　2 二　3 三　4 手

ぶしゅ：手（て）

足（はらう）

おん：ソク

くん：あし・たりる・たる・たす

ことば：遠足（えんそく）　土足（どそく）　足音（あしおと）　足りる（たりる）　足す（たす）

7かく：1 丨　2 ㇆　3 口　4 ⻊　5 ⻊　6 ⻊　7 足

ぶしゅ：足（あし）

力（はねる）

おん：リョク・リキ

くん：ちから

ことば：学力（がくりょく）　力作（りきさく）　馬力（ばりき）　力こぶ（ちからこぶ）　そこ力（そこぢから）

2かく：1 フ　2 力

ぶしゅ：力（ちから）

がんばって かこうね。

2 □に　あてはまる　かん字(じ)を　かきましょう。

60てん(一(ひと)つ10)

① バス(ばす)の　うんてん□(しゅ)に　なりたい。

② ははの　□(て)づくりの　ケーキ(けえき)。

③ くつ下(した)p.43を　二(に)p.3□(そく)　かった。

④ ゆきの　上(うえ)p.43に　□(あし)あとが　のこる。

⑤ この　えは、半年(はんとし)p.33　かかった　□(りき)作(さく)だ。

⑥ □(ちから)いっぱい　ボール(ぼうる)を　なげる。

①・②の漢字(かん)は、一画(かく)目は右から左にはらい、二・三画目は左から右に書(か)きます。

13 きほんのドリル

人の かん字 人・男・女

月　日　もくひょうじかん 15ふん

名まえ

ごうかく80てん　/100てん

かいて おぼえよう！

人（はらう）

おん：ジン・ニン
くん：ひと

ことば：人生（じんせい）・名人（めいじん）・人形（にんぎょう）・人間（にんげん）・人手（ひとで）・人目（ひとめ）

2かく：ノ 人

ぶしゅ：人（ひと）

男（はねる）

おん：ダン・ナン
くん：おとこ

ことば：男子（だんし）・男女（だんじょ）・長男（ちょうなん）・男の子（おとこのこ）・大男（おおおとこ）

7かく：丨 冂 冊 田 田 男 男

ぶしゅ：田（た）

女（すこしつきでる）

おん：ジョ（・ニョ）（ニョウ）
くん：おんな（め）

ことば：女王（じょおう）・女子（じょし）・次女（じじょ）・少女（しょうじょ）・女の子（おんなのこ）

3かく：く 夂 女

ぶしゅ：女（おんな）

1 よみがなを かいてから、なぞりましょう。 40てん（一つ10）

① 名人（　　）

② 男子（　　）

③ 大男（　　）

④ 女の子（　　）

「ていねいに かこうね。」

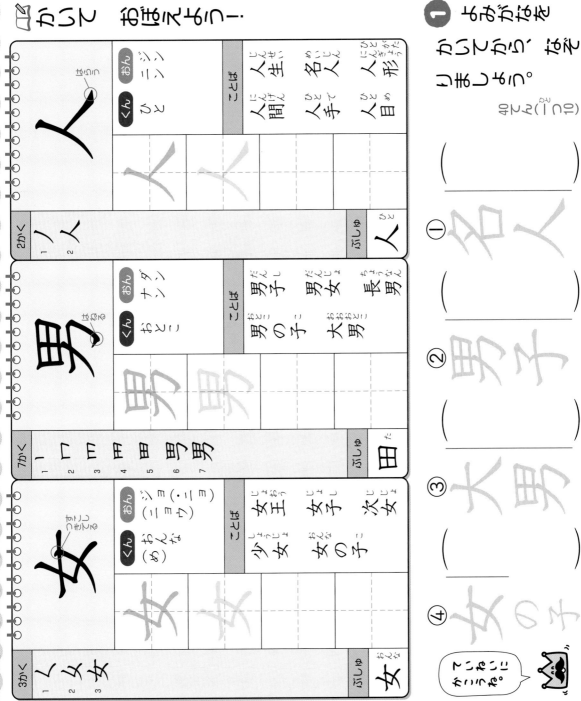

2 □に あてはまる かん字を かきましょう。

① 子どもに □(にん)気の ある ゲーム。

② おおくの □(ひと)が あつまる。

③ おなじ クラスの □(だん)子に あった。

④ ももから、元気な □(おとこ)の子が 生まれる。

⑤ 外国の □(じょ)王が 日本に くる。

⑥ □(おんな)の 先生の ほうが おおい。

③・④は、「田」と「力」を合わせて、田畑で力仕事をするおとこを表した漢字です。
⑤・⑥の漢字の書き順に注意します。一画目は、「く」です。

14 人の かん字 子・王

月　日　もくひょうじかん 15ふん

名まえ

ごうかく80てん　/100てん

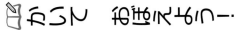

かいて おぼえよう！

子（はねる）

おん　シ・ス

くん　こ

ことば　女子（じょし）　母子（ぼし）　様子（ようす）　子犬（こいぬ）　子ども（こども）

3かく　１ ２ ３

ぶしゅ　子（こ）

王（ながく）

おん　オウ

ことば　王さま（おうさま）　王子（おうじ）　国王（こくおう）　女王（じょおう）

4かく　１ ２ ３ ４

ぶしゅ　王（おう）

1 よみがなを かいてから、なぞりましょう。

40てん（一つ10）

① 女子（　　）

② 子犬（　　）

③ 王さま（　　）

④ 女王（　　）

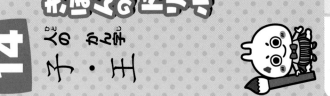

2 □に　あてはまる　かん字を　かきましょう。

① 女（じょ）□（し）だけで　あつまる。（p.25）

② よう□（す）が　おかしい。

③ □（こ）どもの　ころの　思（おも）い出（で）。（p.67）

④ 小（ちい）さい□（こ）に　本（ほん）を　よんで　あげる。（p.41）（p.35）

⑤ ライオンは、百（ひゃく）じゅうの□（おう）だ。（p.9）

⑥ かわいい□（おう）女（じょ）さま。（p.25）

①～④の漢字（かんじ）は、二画（かく）ではなく、三画で書（か）きます。
⑥「おう女」は、おうのむすめのことです。「おう女」の反対語（はんたいご）は、「おうじ」です。

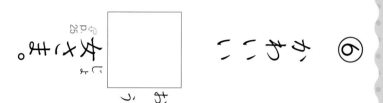

15 まとめの テスト3

月　日

もくひょうじかん 20ぷん

名まえ

ごうかく80てん

/100てん

1 ――の かん字（じ）の よみがなを かきましょう。

50てん（一（ひと）つ5）

① おひめさまと 王子 さま。（　）（　）

② りょう手で 耳を ふさぐ。（　）（　）

③ 目は 口ほどに ものを いう。（　）（　）

④ あの 人は、足が はやい。（　）（　）

⑤ 男子 トイレ（といれ）を そうじする。（　）

⑥ しらない 女の人に はなしかけられる。（　）

⑦ 力いっぱい つなを ひく。（　）

2 □に あてはまる かん字を かきましょう。

50てん（一つ5）

① この へやに、□（おとこ）は、 ふたり いる。

② □□（てあし）を ひろげて、 大の字に なる。

③ 水色の ふくを きた □（おんな）のこ。

④ □（こ）もりうたを きかせる。

⑤ □（め）を とじて、□（みみ）を すます。

⑥ □（くち）ひげを 生やした □（おう）さま。

⑦ 三□（にん）で □（ちから）を あわせる。

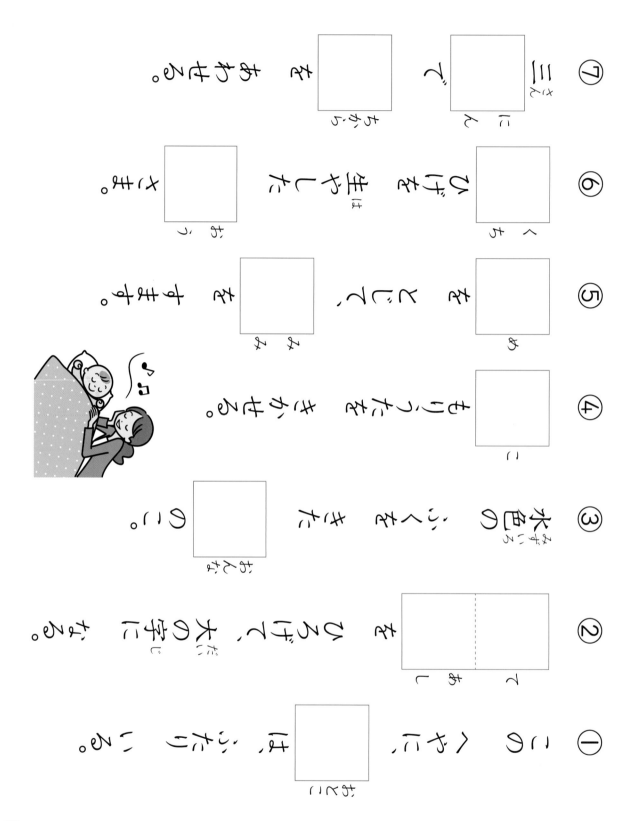

16 きほんのドリル

学校の かん字（じ）
学・校・名

名まえ　月　日　もくひょうじかん15ふん　ごうかく80てん　/100てん

かいて おぼえよう！

学（8かく）　はねる
おん：ガク
くん：まなぶ
ことば：学生（がくせい）　学年（がくねん）　学校（がっこう）　学ぶ（まなぶ）
ひつじゅん：1 丶 2 丷 3 ⺍ 4 ⺍ 5 ⺍ 6 ⺍ 7 学 8 学
ぶしゅ：子（こ）

校（10かく）　とめる
おん：コウ
ことば：校しゃ（こうしゃ）　校長（こうちょう）　休校（きゅうこう）　転校（てんこう）
ひつじゅん：1 一 2 十 3 オ 4 木 5 木' 6 杧 7 杧 8 栌 9 桍 10 校
ぶしゅ：木（きへん）

名（6かく）　つきでない
おん：メイ　ミョウ
くん：な
ことば：名人（めいじん）　名文（めいぶん）　名字（みょうじ）　名ふだ（なふだ）　名まえ（なまえ）
ひつじゅん：1 ノ 2 ク 3 タ 4 夕 5 名 6 名
ぶしゅ：口（くち）

1 よみがなを かいてから、なぞりましょう。　40てん（一つ10）

①学校（　　）
②学ぶ（　　）
③休校（　　）
④名まえ（　　）

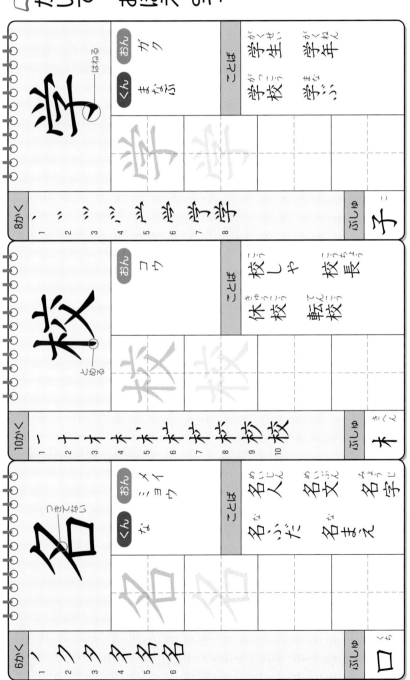

2 □に あてはまる かん字を かきましょう。

① 上の □（がく） 年の 人と あそぶ。
☞p.43 ☞p.33 ☞p.25

② じゅくで、えいごを □（まな）ぶ。

③ □（こう）しゃが たてかえられた。

④ □（こう）門の まえで、まちあわせを する。

⑤ あには、けん玉の □（めい）人だ。
☞p.37 ☞p.25

⑥ □（な）ふだを つける。

①・②は、屋根の下で先生と子どもが勉強するところを表した漢字です。
⑤・⑥の漢字は、「口」の左上が、「夕」につくように書きます。

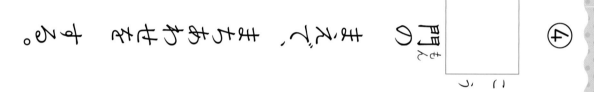

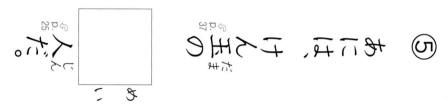

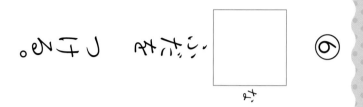

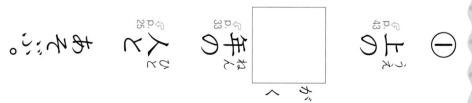

17 きほんのドリル

学校のかん字　年・先・生

もくひょうじかん15ふん　月　日　名まえ　ごうかく80てん　/100てん

かいて　おぼえよう！

年（6かく）
つきでない

おん：ネン
くん：とし

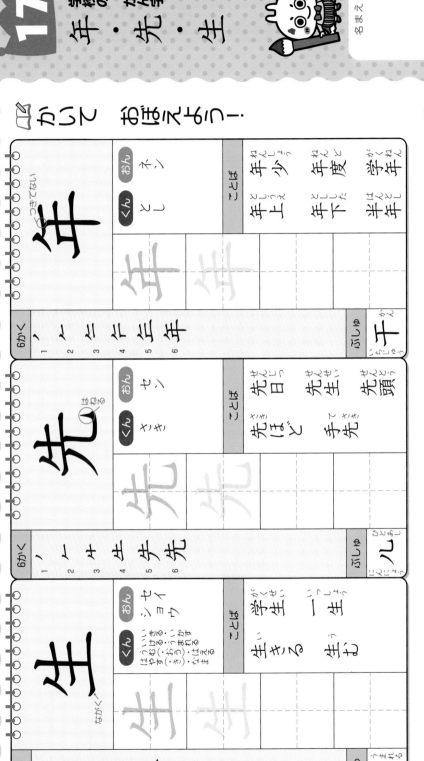

ことば：年少（ねんしょう）　年度（ねんど）　学年（がくねん）　年上（としうえ）　年下（とした）　半年（はんとし）

ぶしゅ：干（かん・いちじゅう）

先（6かく）
はねる

おん：セン
くん：さき

ことば：先日（せんじつ）　先生（せんせい）　先頭（せんとう）　先ほど（さきほど）　手先（てさき）

ぶしゅ：儿（ひとあし・にんにょう）

生（5かく）
ながく

おん：セイ　ショウ
くん：いきる・いかす　いける・うまれる　うむ（・おう）・はえる　はやす（・き）・なま

ことば：学生（がくせい）　一生（いっしょう）　生きる（いきる）　生む（うむ）

ぶしゅ：生（うまれる）

1 よみがなを　かいてから、なぞりましょう。　40てん（一つ10）

① 年上（　　）
② 先日（　　）
③ 学生（　　）
④ 生む（　　）

れんしゅうしよう。

2 □に　あてはまる　かん字を　かきましょう。

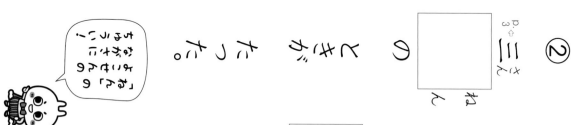

① あたらしい　□(とし)　を　むかえる。

② □(ねん)　三(さん)の　ときが　たった。　☞p.3

③ ちちは、　□(さき)　ほど　出(で)かけた。　☞p.67

④ れつの　□(せん)　頭(とう)に　立(た)つ。　☞p.65

⑤ 百(ひゃく)さいぐらいまで　□(い)　きたい。　☞p.9

⑥ たのしい　□(せい)　活(かつ)を　おくる。

① 「とし」は、この場合、時の単位を表す「一ねん間」という意味です。
⑤・⑥は、土の中から草や木の芽が、いきいきと出てくる様子を表した漢字です。

まほんのドリル

18 学校(がっこう)の かん字 字・文・本

月　日　もくひょうじかん 15ふん

なまえ

ごうかく80てん　/100てん

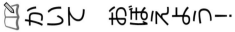

かいて おぼえよう！

字（はねる）

おん　ジ
くん　（あざ）

ことば　字体(じたい)　字てん(じてん)　かん字(じ)　数字(すうじ)

6かく　1 丶　2 丶丶　3 宀　4 宁　5 字　6 字

ぶしゅ　子(こ)

文（つける）

おん　ブン　モン
くん　（ふみ）

ことば　文学(ぶんがく)　文明(ぶんめい)　作文(さくぶん)　文く(もんく)

4かく　1 丶　2 亠　3 ナ　4 文

ぶしゅ　文(ぶん)

本（あける）

おん　ホン
くん　もと

ことば　本日(ほんじつ)　手本(てほん)　二本(にほん)　本(もと)を正(ただ)す　根本(ねもと・こんぽん)

5かく　1 一　2 十　3 オ　4 木　5 本

ぶしゅ　木(き)

1 よみがなを かいてから、なぞりましょう。

40てん（一(ひと)つ10）

① かん字（　　）

② 文学（　　）

③ 本日（　　）

④ 手本（　　）

ていねいに かこうね。

2 □に　あてはまる　かんじを　かきましょう。

① ノート（のうと）に　数（すう）□（じ）を　かく。

② ていねいに　□（じ）を　かく。

③ わたしは、作（さく）□（ぶん）が　とくいだ。

④ こくばんに　□□（も・じ）を　かく。

⑤ 木（き）の　ね　□（もと）に　こけが　生（は）える。

☞p.17　☞p.33

⑥ □（ほん）気（き）で　べんきょうを　はじめる。

☞p.63

④の漢字は、「もんじ」と読むこともあります。
⑤・⑥の漢字は、一画目の縦線を、はねずに止めます。

19

きほんのドリル

学校(がっこう)の かん字(じ)

音・円・玉

名まえ

月　日

もくひょうじかん15ふん

ごうかく80てん

/100てん

かいて おぼえよう!

音

つける

9かく

1 丶 2 亠 3 亣 4 立 5 立 6 产 7 咅 8 音 9 音

おん：オン（イン）

くん：おと　ね

ことば：音楽(おんがく)　物音(ものおと)　高音(こうおん)　音色(ねいろ)(おんしょく)　足音(あしおと)　本音(ほんね)

ぶしゅ：音(おと)

円

はねる

4かく

1 丨 2 冂 3 冂 4 円

おん：エン

くん：まるい

ことば：円形(えんけい)　半円(はんえん)　円ばん(えん)　百円(ひゃくえん)　円い(まる)

ぶしゅ：冂(どうがまえ)(けいがまえ)

玉

ながく

5かく

1 一 2 丅 3 干 4 王 5 玉

おん：ギョク

くん：たま

ことば：玉石(ぎょくせき)　玉入れ(たまい)　水玉(みずたま)

ぶしゅ：玉(たま)

❶ よみがなを かいてから、なぞりましょう。

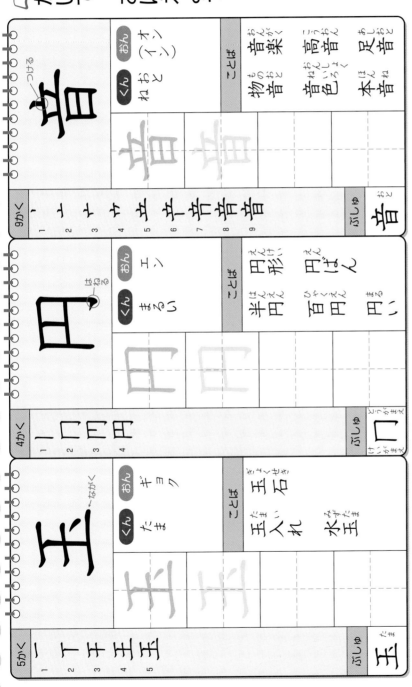

40てん(一(ひと)つ10)

①音がく（　　）

②足音（　　）

③百円（　　）

④水玉（　　）

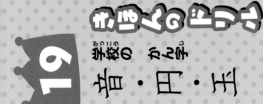

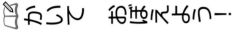

2 □に　あてはまる　かん字(じ)を　かきましょう。

60てん(一(ひと)つ10)

① つぎは、□(おん)楽(がく)の　じかんだ。

② 大(おお)きな□(おと)が　する。

③ 二百(にひゃく)□(えん)で　おかしを　かった。

④ □(まる)い　おぼんに　さらを　のせる。

⑤ 赤(あか)い□(たま)を　かごに　なげ入(い)れる。

⑥ 水(みず)□(たま)もようの　ようふく。

☞p.41　☞p.3　☞p.9　☞p.47　☞p.67　☞p.15

④「まるい」は、角(かど)がなく、輪(わ)のような形(かたち)をしていてまるいという意味(いみ)で使(つか)います。
⑤・⑥の漢字(かんじ)は、形が似(に)ている「王」とのちがいに注意(ちゅうい)しましょう。

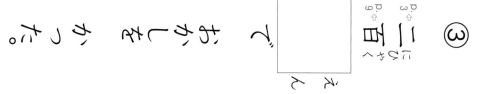

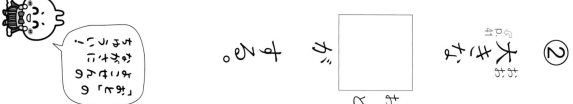

20 まとめの テスト4

名まえ
月　日
もくひょうじかん 20ぷん
ごうかく80てん
/100てん

1 ――の かん字の よみがなを かきましょう。 50てん(一つ5)

① うんどうかいで 玉入れを する。（　）（　）

② この 本は、むずかしい 字が おおい。（　）（　）

③ 名まえと 学年を きかれる。（　）（　）

④ 学校から えきまで、先生と あるく。（　）（　）

⑤ うつくしい バイオリンの 音色。（　）

⑥ 小さい 円を かく。（　）

⑦ ながい 文しょうを よむ。（　）

2 □に あてはまる かんじを かきましょう。

50てん(一つ5)

① みんなで □(まる)く わに なる。

② まえがきと □□(ほんぶん) と あとがき。

③ かん□(じ)の 右(みぎ)に ふりがなを ふる。

④ まっ白(しろ)な □(たま)を ころがす。

⑤ 一(いち)□□(ねんせい)は、百(ひゃく)□(めい) いる。

⑥ あたらしい □(こう)しゃで □(まな)ぶ。

⑦ □(おん)楽(がく)かいは、□(さき)ほど おわった。

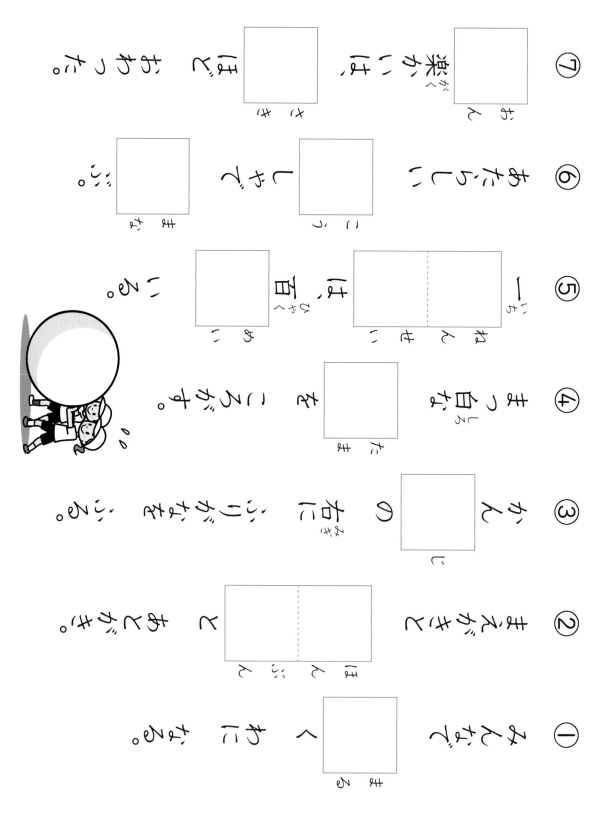

21 ようすの かん字 大・中・小

もくひょうじかん 15ふん

月　日

名まえ

ごうかく80てん　/100てん

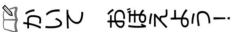

かいて おぼえよう！

大（3かく）つける

1 一　2 ナ　3 大

おん：ダイ・タイ
くん：おお・おおきい・おおいに

ことば：大小（だいしょう）　大地（だいち）　大金（たいきん）　大空（おおぞら）　大きい（おおきい）

ぶしゅ：大（だい）

中（4かく）←まっすぐに

1 丨　2 ㇗　3 口　4 中

おん：チュウ・ジュウ
くん：なか

ことば：空中（くうちゅう）　一年中（いちねんじゅう）　中ゆび（なかゆび）　まん中（まんなか）

ぶしゅ：丨（ぼう・たてぼう）

小（3かく）はねる

1 亅　2 小　3 小

おん：ショウ
くん：ちいさい・こ・お

ことば：小学校（しょうがっこう）　小さい（ちいさい）　小石（こいし）　小川（おがわ）

ぶしゅ：小（しょう）

1 よみがなを かいてから、なぞりましょう。

40てん（一つ10）

① 大小（　　）

② 大きい（　　）

③ 空中（　　）

④ 小さい（　　）

2 □に　あてはまる　かん字(じ)を　かきましょう。

60てん(一(ひと)つ10)

① □(だい)地(ち)を　しっかりと　ふみしめる。

② □(おお)きな　木(き)に　よりかかる。（p.17）

③ 円(えん)の　□(ちゅう)心(しん)に　あつまる。（p.37）

④ 森(もり)の　□(なか)に　まよいこむ。（p.55）

⑤ □(しょう)学(がっ)校(こう)は、いえから　ちかい。（p.31）

⑥ □(ちい)さい　こえで　はなす。

①・②と⑤・⑥は、反対(はんたい)の意味(いみ)を持(も)つ漢字(かんじ)です。
③・④は、輪(わ)の真(ま)んなかを棒(ぼう)がつきぬけている形(かたち)を表(あらわ)した漢字です。

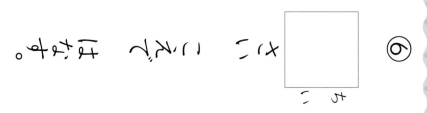

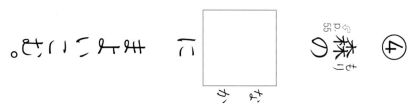

22 ようすの かん字 上・下・正

もくひょうじかん15ふん　月　日　名まえ　ごうかく80てん　/100てん

かいて おぼえよう！

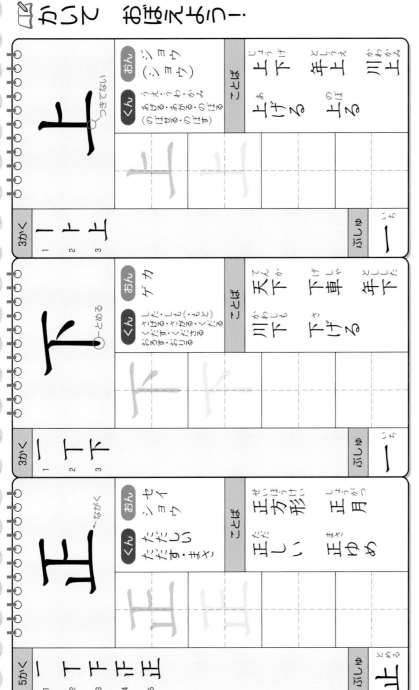

上
3かく　1 丨　2 ⺊　3 上
つきでない
おん：ジョウ（ショウ）
くん：うえ・うわ・かみ　あげる・あがる・のぼる（のぼせる・のぼす）
ことば：上下（じょうげ）　年上（としうえ）　川上（かわかみ）　上げる（あげる）　上る（のぼる）
ぶしゅ：一（いち）

下
3かく　1 一　2 丅　3 下
とめる
おん：カ　ゲ
くん：した・しも（・もと）　さげる・さがる・くだる　くだす・くださる　おろす・おりる
ことば：天下（てんか）　下車（げしゃ）　年下（としした）　川下（かわしも）　下げる（さげる）
ぶしゅ：一（いち）

正
5かく　1 一　2 丅　3 下　4 正（4画目）　5 正
ながく
おん：セイ　ショウ
くん：ただしい　ただす・まさ
ことば：正方形（せいほうけい）　正月（しょうがつ）　正しい（ただしい）　正ゆめ（まさゆめ）
ぶしゅ：止（とめる）

1 よみがなを かいてから、なぞりましょう。
40てん（一つ10）

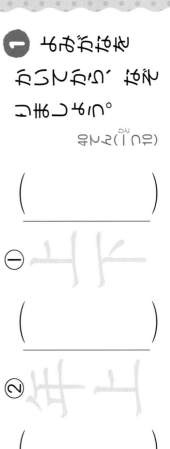

① 上下（　　）
② 年上（　　）
③ 天下（　　）
④ 正月（　　）

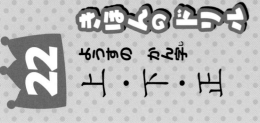

2 □に あてはまる かん字(じ)を かきましょう。

60てん(一(ひと)つ10)

① やねの □(うえ) に すずめが いる。

② はたを □□(じょうげ) に ふる。

③ □(げ) 校(こう)(p.31)の じかんを まもる。

④ 木(き)(p.17)の □(した) で 一(ひと)(p.3)休(やす)(p.65)みする。

⑤ あの 人(ひと)(p.25)は、本当(ほんとう)(p.35)に □(しょう) じきだ。

⑥ あなたの こたえは、□(ただ) しい。

①は、したじきのうえに物(もの)がのっていることを示(しめ)して、「うえ」を表(あらわ)した漢字(かんじ)です。
③・④は、おおいのしたに物があることを示して、「した」を表した漢字です。

きほんのドリル 23

ようすの かん字（じ）

右・左・早

もくひょうじかん 15ふん

月　日

名まえ

ごうかく80てん　　/100てん

かいて　おぼえよう！

右（5かく）

はらう

ひつじゅん：ノ ナ ナ 右 右

おん：ウ・ユウ

くん：みぎ

ことば：右（う）せつ　左右（さゆう）　右足（みぎあし）　右手（みぎて）

ぶしゅ：口（くち）

左（5かく）

はらう

ひつじゅん：一 ナ 𠂇 左 左

おん：サ

くん：ひだり

ことば：左岸（さがん）　左（さ）せつ　左足（ひだりあし）　左手（ひだりて）

ぶしゅ：工（たくみ・え）

早（6かく）

ながく

ひつじゅん：丨 冂 日 日 旦 早

おん：ソウ（サッ）

くん：はやい・はやまる・はやめる

ことば：早春（そうしゅん）　早朝（そうちょう）　早（はや）い　早（はや）まる　早口（はやくち）

ぶしゅ：日（ひ）

1 よみがなを かいてから、なぞりましょう。　40てん（一（ひと）つ10）

①左右（　　　）

②右手（　　　）

③左足（　　　）

④早口（　　　）

正（ただ）しく かけたかな。

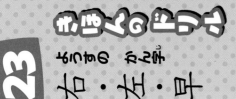

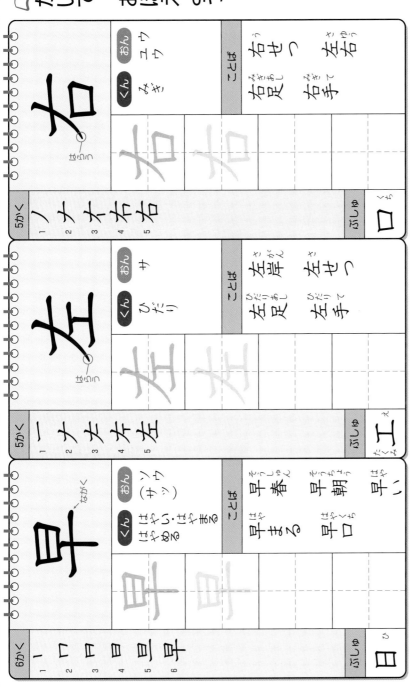

2 □に あてはまる かん字を かきましょう。

① つぎの かどを □（う）せつする。

② □（みぎ）足（あし）を 一歩（いっぽ） ふみ出（だ）す。 ☞p.23 ☞p.3 ☞p.67

③ みちが □□（さゆう）に わかれる。

④ おとうとは、□（ひだり）ききだ。

⑤ □（そう）朝（ちょう）から ピアノ（ぴあの）を ひく。

⑥ おきるには、まだ □（はや）い。

①〜③の漢字（かんじ）は、「ノ」をはじめに書（か）き、次（つぎ）に「一」を書きます。
③・④の漢字は、「一」をはじめに書き、次に「ノ」を書きます。

いろの かん字 赤・青・白

名まえ　月　日　もくひょうじかん15ふん　ごうかく80てん　/100てん

かいて おぼえよう！

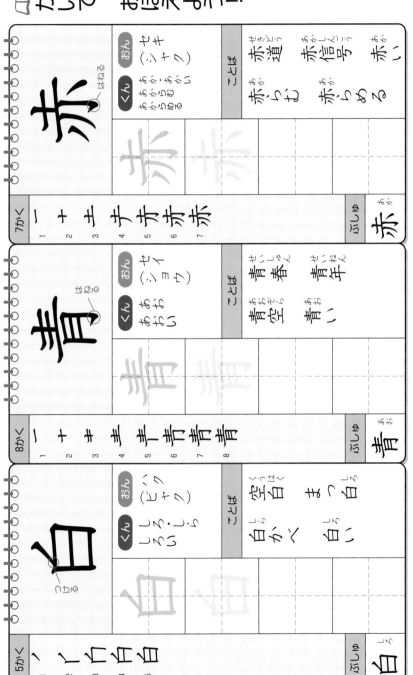

赤（7かく）
おん：セキ（シャク）
くん：あか・あかい　あからむ　あからめる
ことば：赤道（せきどう）　赤信号（あかしんごう）　赤い（あかい）　赤らむ（あからむ）　赤らめる（あからめる）
はねる
書きじゅん：1 一　2 十　3 土　4 ナ　5 亣　6 赤　7 赤
ぶしゅ：赤（あか）

青（8かく）
おん：セイ（ショウ）
くん：あお　あおい
ことば：青春（せいしゅん）　青年（せいねん）　青空（あおぞら）　青い（あおい）
はねる
書きじゅん：1 一　2 十　3 丰　4 圭　5 丰　6 青　7 青　8 青
ぶしゅ：青（あお）

白（5かく）
おん：ハク（ビャク）
くん：しろ・しら　しろい
ことば：空白（くうはく）　まっ白（まっしろ）　白かべ（しらかべ）　白い（しろい）
つける
書きじゅん：1 ノ　2 亻　3 白　4 白　5 白
ぶしゅ：白（しろ）

1 よみがなを かいてから、なぞりましょう。
40てん（一つ10）

① 赤い（　　　）
② 青年（　　　）
③ 青空（　　　）
④ 空白（　　　）

がんばって かこう。

② □に あてはまる かん字(じ)を かきましょう。

60てん（一(ひと)つ10）

① □(あか)い えのぐで ぬる。

② ははが たいた □(せき)はんを たべる。

③ 空(そら)が □(あお)く すみわたる。 p.61

④ じてん車(しゃ)に のった □(せい)年(ねん)たち。 p.71 p.33

⑤ まっ □(しろ)な 花(はな)。 p.53

⑥ ノート(のうと)の 空(くう) □(はく)に えを かく。 p.61

①・②の漢字(かんじ)は、四～七画目(かく)の書(か)き順(じゅん)に注意(ちゅうい)します。
③・④の漢字は、四画目の横線(よこせん)を、一・三画目の横線よりも長(なが)く書きます。

25 まとめのテスト5

月　日　もくひょうじかん 20ぷん

名まえ

ごうかく80てん　/100てん

1 ――の　かん字の　よみがなを　かきましょう。　50てん(一つ5)

① こたえが　正しいか　どうか　たしかめる。

② しんごうが　赤から　青に　かわる。

③ 朝早く、白い　あさがおが　さく。

④ 左目の　中に　ごみが　入る。

⑤ 大小　さまざまな　しまから　なる　くに。

⑥ エレベーターが　上下する。

⑦ みちの　右がわを　あるく。

2 □に あてはまる かん字(じ)を かきましょう。

50てん(一(ひと)つ5)

① □(しょう)月(がつ)に おばあさんの いえへ いく。

② □□(さゆう)の あんぜんを たしかめる。

③ □(あお)い 糸(いと)で ぬう。

④ □□(あかしろ)ぼうを かぶる。

⑤ □(そう)朝(ちょう)マラソンが □(ちゅう)止(し)に なる。

⑥ やねの □(うえ)から □(した)を ながめる。

⑦ □(おお)きな ふねと □(ちい)さな ふね。

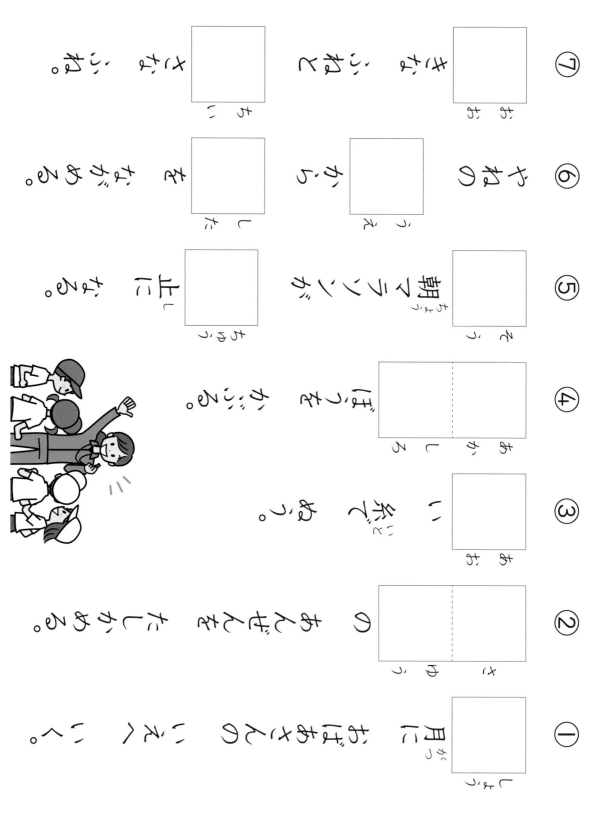

しぜんの かん字 山・川・田

名まえ　月　日

もくひょうじかん 15ふん　ごうかく80てん　/100てん

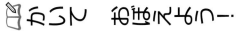

かいて おぼえよう!

山（ながく）
3かく　1 丨　2 山　3 山

くん：やま　おん：サン

ことば：山中（さんちゅう）　火山（かざん）　山小屋（やまごや）　雪山（ゆきやま）

ぶしゅ：山（やま）

川（ながく）
3かく　1 丿　2 川　3 川

くん：かわ　おん：（セン）

ことば：川上（かわかみ）　川岸（かわぎし）　天の川（あまのがわ）　小川（おがわ）

ぶしゅ：川（かわ）

田（まんなか）
5かく　1 丨　2 冂　3 ⽥　4 田　5 田

くん：た　おん：デン

ことば：田園（でんえん）　水田（すいでん）　油田（ゆでん）　田うえ（たうえ）　青田（あおた）

ぶしゅ：田（た）

1 よみがなを かいてから、なぞりましょう。
40てん（一つ10）

① 火山（　　）
② 山ごや（　　）
③ 川上（　　）
④ 田うえ（　　）

れんしゅうしょう。

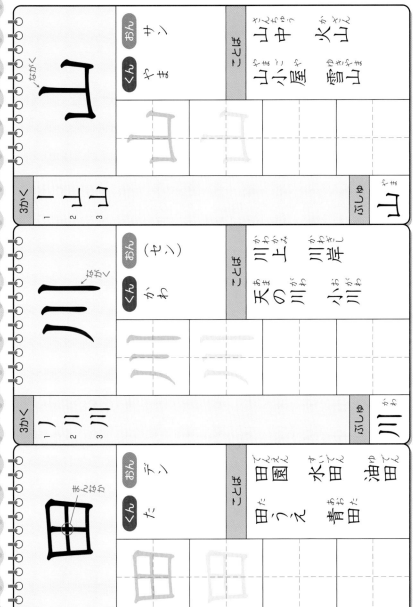

2 □に　あてはまる　かん字を　かきましょう。

① □林を　きりひらく。（さん／りん）(☞p.55)

② □のように　たかく　つみ上げる。（やま／あ）(☞p.43)

③ 谷□の　水を　くむ。（たに／がわ）(☞p.15)

④ □下に　赤い　はしが　ある。（かわ／しも／あか）(☞p.43)(☞p.47)

⑤ 目のまえに　□園が　ひろがる。（め／でん／えん）(☞p.21)

⑥ みんなで　□はたを　たがやす。（た）

①・②は、三つのみねがあるやまの形を表した漢字です。
⑤・⑥の漢字の中の縦線は、上下につき出さずに書きます。

しぜんの かん字 石・草・花

月　日　もくひょうじかん 15ふん

名まえ

ごうかく80てん　/100てん

かいて おぼえよう！

石（つきでない）

おん：セキ・シャク（コク）
くん：いし

ことば：ほう石（せき）　じ石（しゃく）　石（いし）ばし　小石（こいし）

5かく：一 ア 不 石 石

ぶしゅ：石（いし）

草（ながく）

おん：ソウ
くん：くさ

ことば：草原（そうげん）　野草（やそう）　草（くさ）とり　草花（くさばな）

9かく：一 十 艹 艹 芇 苩 苩 莒 草

ぶしゅ：艹（くさかんむり）

花（はねる）

おん：カ
くん：はな

ことば：花（か）ふん　開花（かいか）　花火（はなび）　花（はな）びら

7かく：一 十 艹 艹 芀 芲 花

ぶしゅ：艹（くさかんむり）

1 よみがなを かいてから、なぞりましょう。　40てん（一つ10）

① ほう石（　　）

② 小石（　　）

③ 草花（　　）

④ 花ふん（　　）

ていねいに かこうね。

2 □に　あてはまる　かん字（じ）を　かきましょう。

① ほう□（せき）のように　きれいな　おかし。

② □（いし）の　上（うえ）にも　三年（さんねん）。 p.43　p.3　p.33

③ □（そう）原（げん）を　うまが　かける。

④ にわの　□（くさ）とりを　する。

⑤ 虫（むし）が　□（か）ふんを　はこぶ。 p.57

⑥ うつくしい　□（はな）が　さいて　いる。

② 「いしの上にも三年」とは、あきらめずにがまんすれば、いつか成功（せいこう）するというたとえです。
③〜⑥の漢字（かんじ）には、「艹」という共通（きょうつう）する部分（ぶぶん）があります。

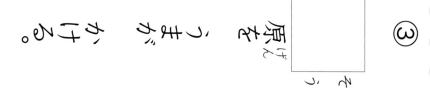

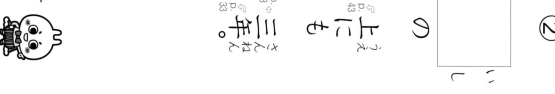

28 しぜんの かん字 竹・林・森

もくひょうじかん 15ふん

名まえ　月　日　ごうかく80てん　/100てん

かいて おぼえよう！

竹（6かく） はねる

書きじゅん：1 ノ　2 𠂉　3 ケ　4 ケ丿　5 竹の5画め　6 竹

おん：チク
くん：たけ

ことば：竹林（ちくりん／たけばやし）、竹わ（ちくわ）、竹やぶ（たけやぶ）、青竹（あおだけ）

ぶしゅ：竹（たけ）

林（8かく） とめる

書きじゅん：1 一　2 十　3 才　4 木　5 木一　6 村　7 材　8 林

おん：リン
くん：はやし

ことば：林道（りんどう）、山林（さんりん）、松林（まつばやし）

ぶしゅ：木（きへん）

森（12かく） とめる

書きじゅん：1 一　2 十　3 才　4 木　5 木一　6 森の6画め　7 森の7画め　8 森の8画め　9 森の9画め　10 森の10画め　11 森の11画め　12 森

おん：シン
くん：もり

ことば：森林（しんりん）、森の中（もりのなか）

ぶしゅ：木（き）

1 よみがなを かいてから、なぞりましょう。 40てん（一つ10）

① 竹やぶ（　　）
② 青竹（　　）
③ 山林（　　）
④ 森林（　　）

おぼえたかな。

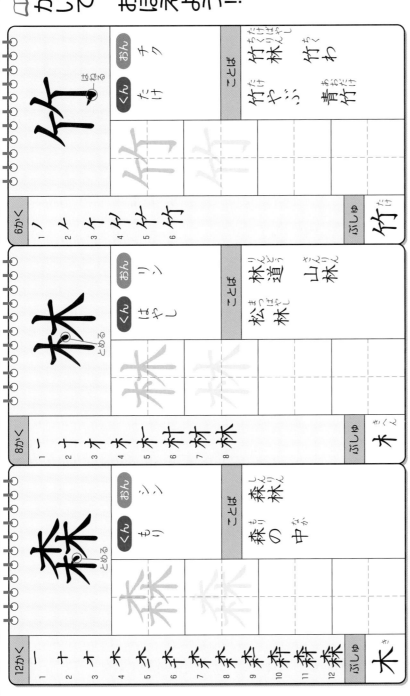

2 □に あてはまる かん字を かきましょう。

① □（たけ）の子が 生える。

② □（ちく）わを たべる。

③ まつ□（ばやし）が どこまでも つづく。

④ 五年生が □（りん）間学校へ いく。

⑤ しずかな □（もり）の 中を あるく。

⑥ □□（しんりん）が ひろがる。

①・②は、一本の「たけ」が生えている様子を表した漢字です。
⑤・⑥は、「木」を三つ合わせて、木がたくさんしげる「もり」を表した漢字です。

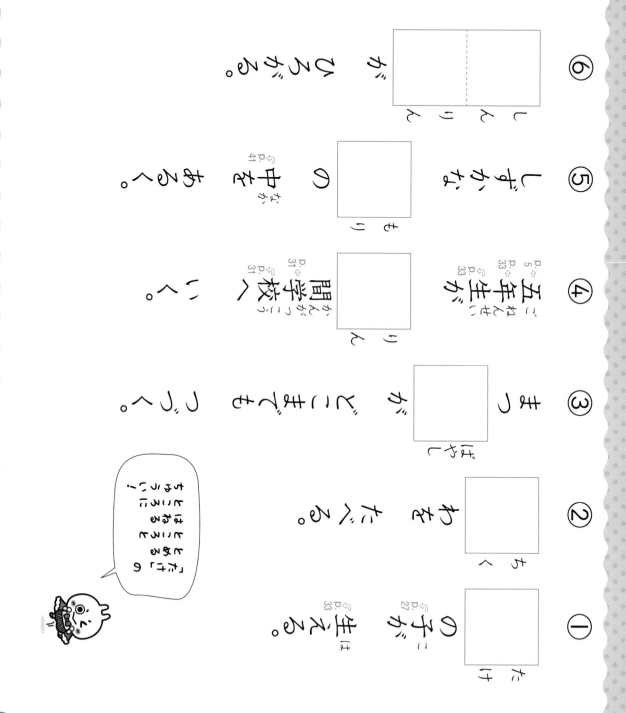

29 しぜんの かん字(じ) 犬・虫・貝

もくひょうじかん 15ふん

月　日

名まえ

ごうかく80てん　/100てん

かいて おぼえよう！

犬（はらう）

おん：ケン
くん：いぬ

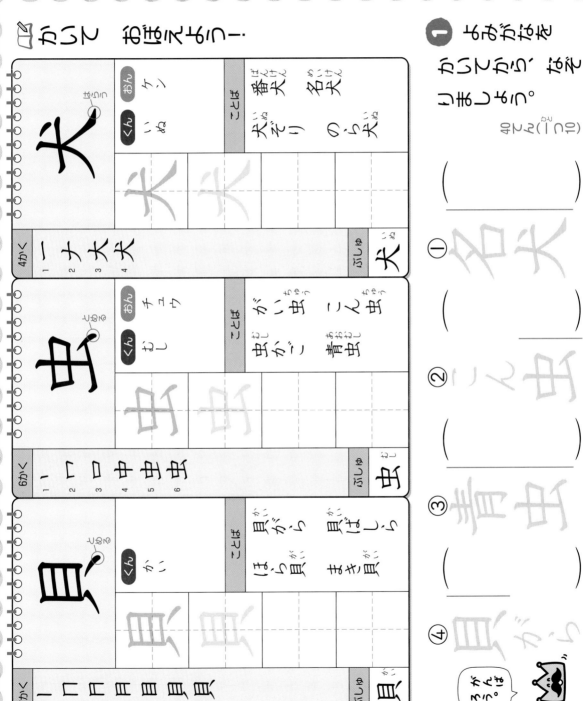

ことば：番犬(ばんけん)　名犬(めいけん)　犬(いぬ)ぞり　のら犬(いぬ)

4かく：1 一　2 ナ　3 大　4 犬

ぶしゅ：犬(いぬ)

虫（とめる）

おん：チュウ
くん：むし

ことば：がい虫(ちゅう)　こん虫(ちゅう)　虫(むし)かご　青虫(あおむし)

6かく：1 丶　2 口　3 口　4 中　5 虫　6 虫

ぶしゅ：虫(むし)

貝（とめる）

くん：かい

ことば：貝(かい)がら　貝(かい)ばしら　ほら貝(がい)　まき貝(がい)

7かく：1 丨　2 冂　3 月　4 月　5 目　6 貝　7 貝

ぶしゅ：貝(かい)（こがい）

1 よみがなを かいてから、なぞりましょう。

40てん（一(ひと)つ10）

① 名犬（　　）

② こん虫（　　）

③ 青虫（　　）

④ 貝がら（　　）

がんばろう。

2 □に あてはまる かん字（じ）を かきましょう。

60てん（一（ひと）つ10）

① かわいい 子（こ）（p.27） □（いぬ） を かう。

② けいさつ □（けん） が かつやくする。

③ □（むし） の なきごえが きこえる。

④ とんぼは、こん □（ちゅう） だ。

⑤ □（かい） の 入（はい）った（p.67） みそしるを のむ。

⑥ はまべで □（かい） がらを ひろう。

①・②の漢字（かんじ）の「乚」は、右上に書（か）きます。
⑤・⑥の漢字の七画（かく）目は、はらわずに止（と）めます。

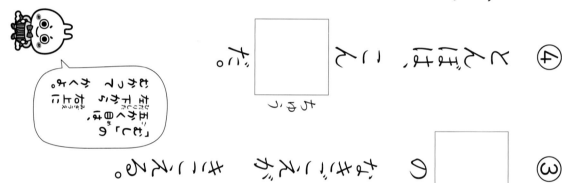

30 まとめの テスト6

名まえ

月　日

もくひょうじかん 20ぷん

ごうかく80てん

/100てん

1 ――の かん字の よみがなを かきましょう。

50てん（一つ5）

① かだんの 草花に 水を やる。

② 田んぼの そばで 虫を さがす。

③ 川で 小さな 貝を 見つける。

④ 山寺の ふるい 石だんを のぼる。

⑤ 森林が だんだん へって いく。

⑥ 白い 犬を かう。

⑦ 竹とんぼで あそぶ。

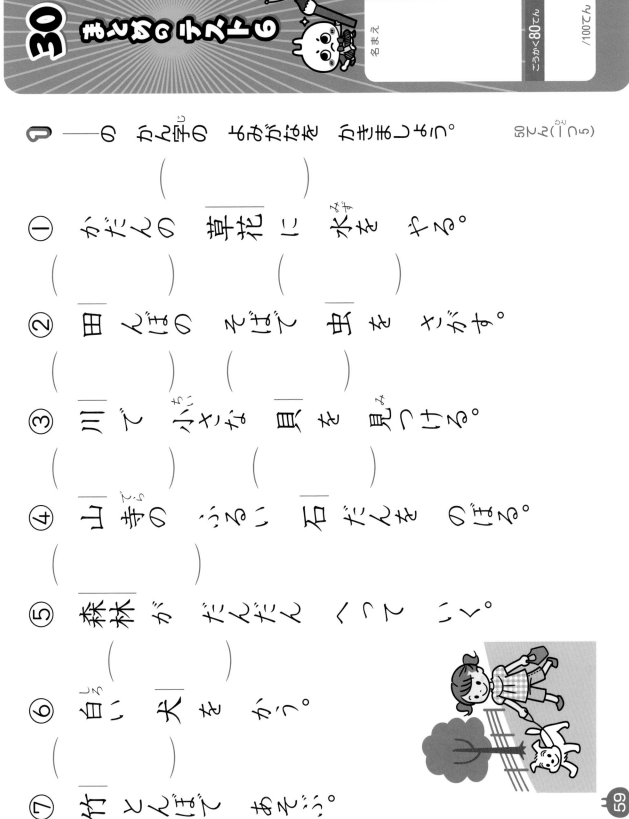

2 □に　あてはまる　かん字を　かきましょう。

50てん（一つ5）

① たにしは、まき□（がい）の　一しゅだ。

② □□（たけばやし）を　□（いぬ）と　さんぽする。

③ 大きな　□（いし）が　ころがって　いる。

④ □（もり）の　中で、こん　□（ちゅう）を　見つける。

⑤ のはらで　□□（くさばな）を　つむ。

⑥ □（た）んぼに　水を　ひく。

⑦ □（やま）の　中の　□（かわ）で、つりを　する。

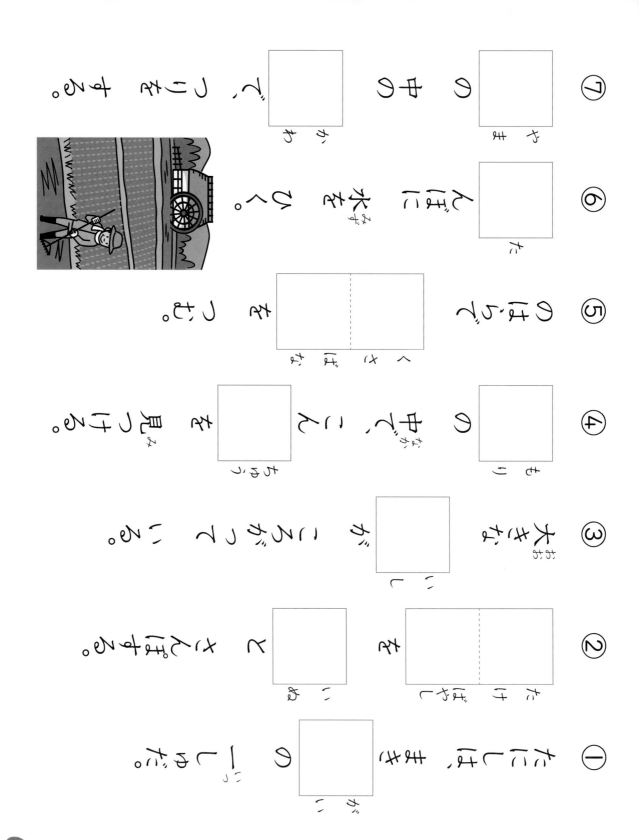

天気のかん字　空・天・雨

もくひょうじかん 15ふん

名まえ　　月　日

ごうかく80てん　/100てん

かいて　おぼえよう！

空（ながく）

8かく

1 丶 2 丷 3 宀 4 穴 5 穴 6 空 7 空 8 空

ぶしゅ：穴（あなかんむり）

おん：クウ

くん：そら・あく・あける・から

ことば：空中（くうちゅう）　青空（あおぞら）　空く（あく）　空ける（あける）　空手（からて）

天（ながく）

4かく

1 一 2 二 3 チ 4 天

ぶしゅ：大（だい）

おん：テン

くん：（あめ）・あま

ことば：天気（てんき）　天国（てんごく）　天地（てんち）　天の川（あまのがわ）

雨（はねる）

8かく

1 一 2 丁 3 帀 4 币 5 雨 6 雨 7 雨 8 雨

ぶしゅ：雨（あめ）

おん：ウ

くん：あめ・あま

ことば：雨天（うてん）　風雨（ふうう）　大雨（おおあめ）　雨水（あまみず）

1 よみがなを かいてから、なぞりましょう。

40てん（一つ10）

①空中（　　）

②青空（　　）

③天気（　　）

④大雨（　　）

ていねいに かこうね。

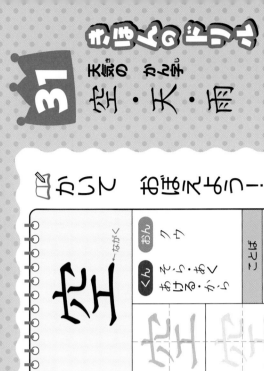

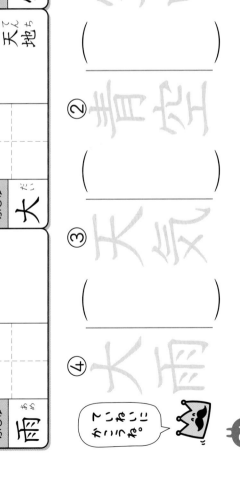

2 □に　あてはまる　かん字を　かきましょう。

60てん（一つ10）

① □（そら）に　くもが　うかぶ。

② □（くう）中で　一かいてんする。

③ こんやは、□（あま）の川が　よく　見える。

④ ひるすぎから　□（てん）気が　わるく　なる。

⑤ きゅうに　はげしい　□（あめ）が　ふりだした。

⑥ 六月は、□（う）りょうが　おおい。

p.41　p.3　p.51　p.65　p.63　p.5　p.13

① ・ ②の漢字は、四・五画目を「ハ」と書かないようにします。
⑥「うりょう」とは、地上に降ったあめの量のことです。

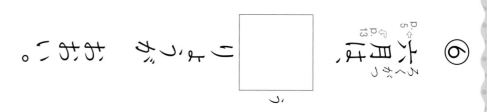

32 きほんのドリル

天気の かん字

夕・気

名まえ

月 日

もくひょうじかん15ふん

ごうかく80てん

/100てん

かいて おぼえよう！

夕（つきでない） 3かく ノ ク 夕

おん （セキ）

くん ゆう

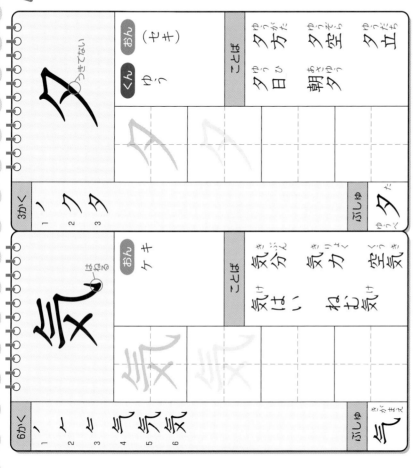

ことば 夕方（ゆうがた） 夕空（ゆうぞら） 夕立（ゆうだち） 夕日（ゆうひ） 朝夕（あさゆう）

ぶしゅ 夕（ゆうべ・た）

気（はねる） 6かく ノ ㇐ 𠂉 气 気 気

おん ケ キ

ことば 気分（きぶん） 気力（きりょく） 空気（くうき） 気はい（けはい） ねむ気（ねむけ）

ぶしゅ 气（きがまえ）

かきじゅんと かたちに ちゅういして かこう。

1 よみがなを かいてから、なぞりましょう。 40てん（一つ10）

①夕空（　　）

②夕日（　　）

③気力（　　）

④気はい（　　）

がんばって かこう。

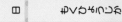

2 □に あてはまる かん字を かきましょう。

① かみなりが なり、［ゆう］立が きた。 ☞p.65

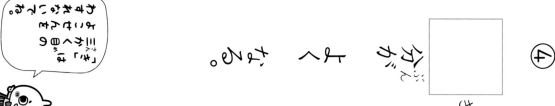

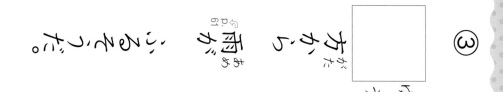

② ［ゆう］日が 海に しずむ。 ☞p.13

③ ［ゆう］方から 雨が ふるそうだ。 ☞p.61

④ ［き］分が よく なる。

⑤ あには、［き］が みじかい。

⑥ ねむ［け］を さます。

①〜③「ゆう」は、三日月の形を表した漢字で、夜の始め、ゆうがたころを意味します。
⑤「きがみじかい」とは、がまんができず、すぐおこったりいらいらしたりすることです。

33 きほんのドリル

うごきの かん字　見・立・休

名まえ　月　日　もくひょうじかん15ふん　ごうかく80てん　/100てん

かいて おぼえよう！

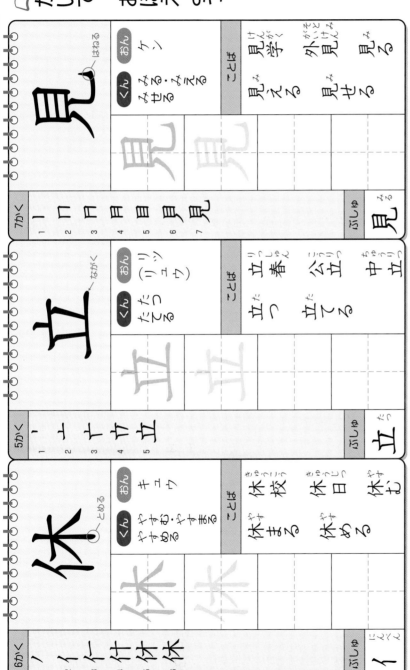

見（はねる）
7かく　丨 冂 冃 月 目 貝 見
おん：ケン
くん：みる・みえる・みせる
ことば：見学（けんがく）　外見（がいけん・そとみ）　見る（みる）　見える（みえる）　見せる（みせる）
ぶしゅ：見（みる）

立（ながく）
5かく　丶 亠 亡 立 立
おん：リツ（リュウ）
くん：たつ・たてる
ことば：立春（りっしゅん）　公立（こうりつ）　中立（ちゅうりつ）　立つ（たつ）　立てる（たてる）
ぶしゅ：立（たつ）

休（とめる）
6かく　丿 亻 仁 什 休 休
おん：キュウ
くん：やすむ・やすまる・やすめる
ことば：休校（きゅうこう）　休日（きゅうじつ）　休む（やすむ）　休まる（やすまる）　休める（やすめる）
ぶしゅ：亻（にんべん）

1 よみがなを かいてから、なぞりましょう。　40てん（一つ10）

① 見学（　　）

② 見る（　　）

③ 立つ（　　）

④ 休日（　　）

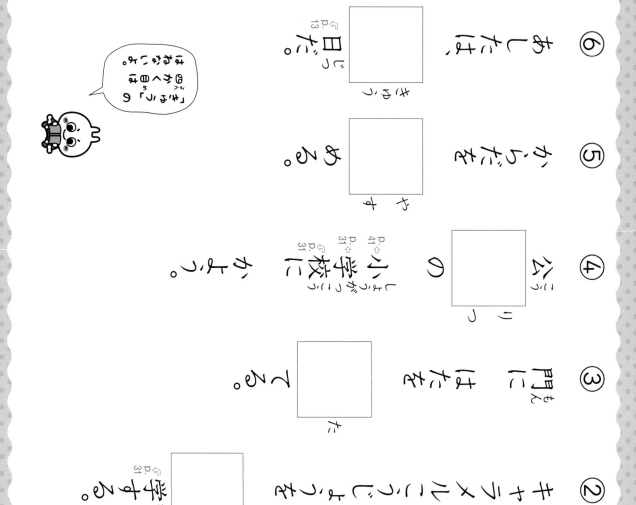

2 □に あてはまる かん字を かきましょう。

60てん（一つ10）

① とおくに 山が □(み)える。（p.51）

② キャラメルこうじょうを □(けん)学する。（p.31）

③ 門に はたを □(た)てる。

④ 公□(りつ)の 小学校に かよう。（p.41, p.31, p.31）

⑤ からだを □(やす)める。

⑥ あしたは、□(きゅう)日だ。（p.13）

③・④は、人が手を広げて大地の上にしっかりたっている様子をえがいた漢字です。
⑤・⑥は、「亻」（人）が「木」のかげでやすむ様子を表した漢字です。

34 きほんのドリル

うごきの かん字
入・出

もくひょうじかん	15ふん
月	日
名まえ	
ごうかく80てん	/100てん

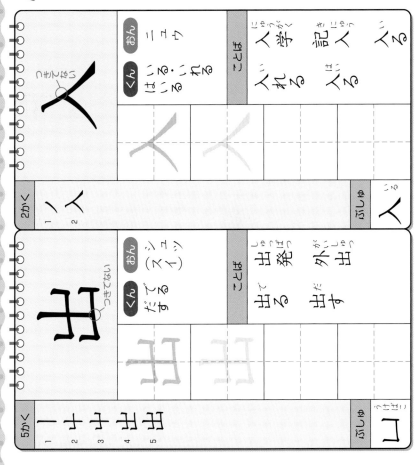

かいて おぼえよう！

入（2かく）つきでない

おん：ニュウ
くん：いる・いれる／はいる

ことば：入学（にゅうがく）　記入（きにゅう）　入る（いる）　入れる（いれる）　入る（はいる）

かきじゅん：1 ノ　2 入

ぶしゅ：入（いる）

出（5かく）つきでない

おん：シュツ（スイ）
くん：でる／だす

ことば：出発（しゅっぱつ）　外出（がいしゅつ）　出る（でる）　出す（だす）

かきじゅん：1 丨　2 ㄩ　3 屮　4 出　5 出

ぶしゅ：凵（うけばこ）

「入」と「出」は はんたいの いみの かん字だから、いっしょに おぼえよう。

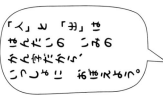

1 よみがなを かいてから、なぞりましょう。 40てん（一つ10）

①入学（　　）
②入れる（　　）
③出ぱつ（　　）
④出る（　　）

れんしゅう しよう。

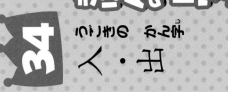

60てん（一(ひと)つ10）

2 □に　あてはまる　かん字(じ)を　かきましょう。

① かばんに　ノートを　□(い)れる。

② うわさが　耳(みみ)に　□(はい)る。 p.21

③ 小学校(しょうがっこう)に　□(にゅう)学(がく)する。 p.41 p.31 p.31 p.31

④ 八時(はちじ)に　いえを　□(で)る。 p.7

⑤ ともだちに　手紙(てがみ)を　□(だ)す。 p.23

⑥ 朝(あさ)　早(はや)く　学校を　□(しゅっ)ぱつした。 p.45 p.31 p.31

①〜③と④〜⑥は、反対(はんたい)の意味(いみ)を持(も)つ漢字(かんじ)です。
④〜⑥の漢字は、真(ま)ん中の縦線(たてせん)を一画目(かくめ)に書(か)きます。

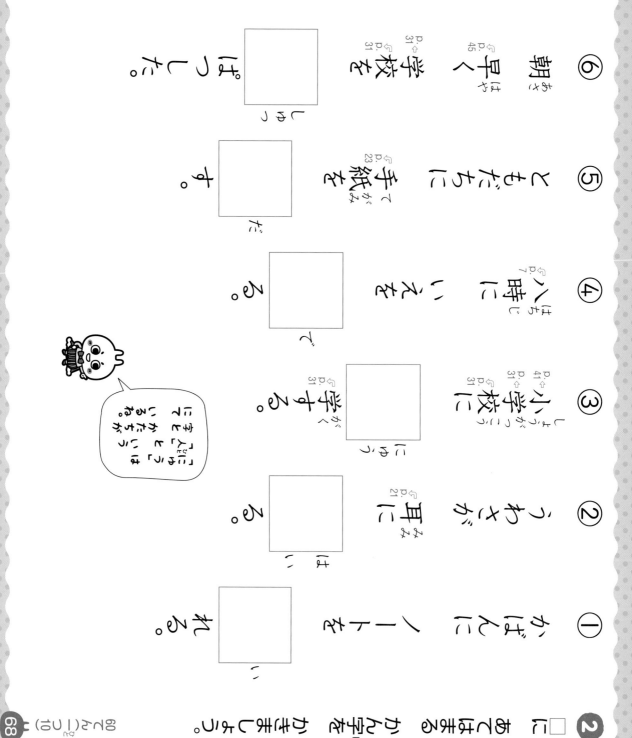

生かつの かん字 村・町

名まえ　月　日

もくひょうじかん15ふん　ごうかく80てん　/100てん

かいて おぼえよう！

村（はねる）

7かく：一 十 オ 木 木 村 村

おん：ソン

くん：むら

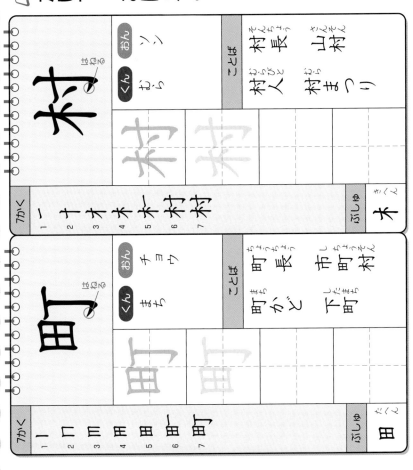

ことば：村長（そんちょう）　山村（さんそん）　村人（むらびと）　村まつり（むらまつり）

ぶしゅ：木（きへん）

町（はねる）

7かく：丨 冂 冂 田 田 町 町

おん：チョウ

くん：まち

ことば：町長（ちょうちょう）　市町村（しちょうそん）　町かど（まちかど）　下町（したまち）

ぶしゅ：田（たへん）

1 よみがなを かいてから、なぞりましょう。

40てん（一つ10）

①山村（　　）

②村人（　　）

③町（ちょう）（　　）

④下町（　　）

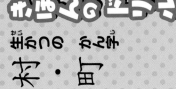

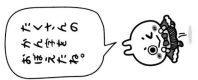

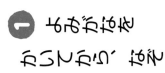

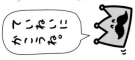

2 □に あてはまる かん字を かきましょう。

60てん(1つ10)

① わたしの おじは、□(そん)長だ。

② □(むら)まつりで 金魚すくいを する。 ☞p.17

③ □(むら)はずれの おじぞうさま。

④ 大どおりから よこ□(ちょう)へ 入る。 ☞p.41 ☞p.67

⑤ ふるい □(まち)なみが のこって いる。

⑥ となり□(まち)まで かいものに 出かける。 ☞p.67

①〜③ 一年で学習する、「木」の部分を持つ漢字には、ほかに「林・森」などがあります。
⑥ 「まち」とは、人が多く集まって住んでいる所です。「むら」は、まちよりも小さいものをいいます。

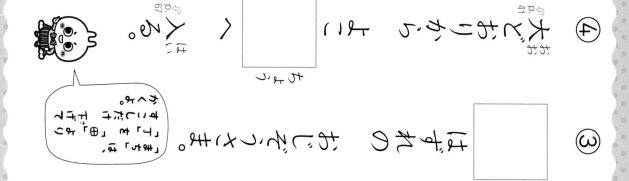

36 きほんのドリル

生活の かん字

糸・車

月　日

もくひょうじかん 15ふん

名まえ

ごうかく80てん

/100てん

かいて おぼえよう！

糸（おる）

おん：シ
くん：いと

ことば：金糸（きんし）　綿糸（めんし）　糸車（いとぐるま）　毛糸（けいと）　たこ糸（たこいと）

6かく：1 く　2 幺　3 幺　4 糸　5 糸　6 糸

ぶしゅ：糸（いと）

車（ながく）

おん：シャ
くん：くるま

ことば：車りん（しゃりん）　じてん車（じてんしゃ）　風車（ふうしゃ／かざぐるま）　かた車（かたぐるま）

7かく：1 一　2 𠃋　3 𠕁　4 肎　5 亘　6 亘　7 車

ぶしゅ：車（くるま）

1 よみがなを かいてから、なぞりましょう。

40てん（一つ10）

①糸車（　　）

②たこ糸（　　）

③車りん（　　）

④かた車（　　）

正しく かけたかな。

これで きほんの ドリルは おわりだよ。おつかれさま！

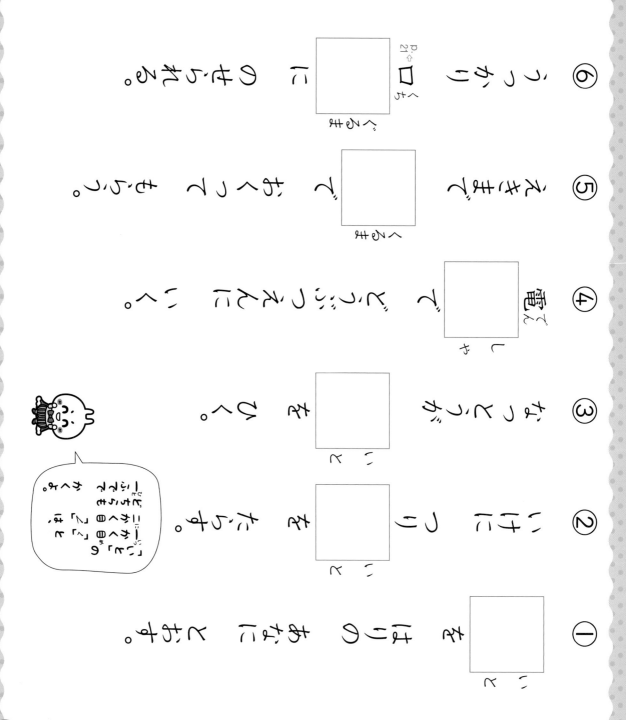

2 □に あてはまる かん字を かきましょう。

① □(いと)を はりの あなに とおす。

② いけに つり□(いと)を たらす。

「いと」の 一かく目「く」と 二かく目「く」は、どちらも 一ぷんで かくよ。

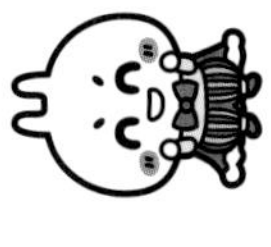

③ なっとうが □(いと)を ひく。

④ 電□(しゃ)で どうぶつえんに いく。

⑤ えきまで □(くるま)で おくって もらう。

⑥ うっかり 口□(ぐるま)に のせられる。 p.21⇦

③「いとをひく」とは、食べ物にねばりが出て、すじのように細くのびることをいいます。
⑥「口ぐるま」とは、人をだます、うまい言い回しを表す言葉です。

37 まとめのテスト7

月　日

もくひょうじかん 20ぷん

名まえ

ごうかく80てん

/100てん

1 ――の　かん字(じ)の　よみがなを　かきましょう。　50てん(一(ひと)つ5)

① あしたは、よい　天気　に　なるらしい。
(　　　)　(　　　)

② 夕　やけで、西(にし)の　空　が　まっかに　なる。
(　　　)　(　　　)

③ 休　日(じつ)は、いえで　のんびりと　すごす。
(　　　)　(　　　)

④ 村　はずれの　小(こ)やで　雨　やどりする。
(　　　)　(　　　)

⑤ 出入　り口(ぐち)の　まえに　人(ひと)が　立　つ。
(　　　)　(　　　)

⑥ びじゅつかんで　えを　見　る。
(　　　)　(　　　)

⑦ 糸車　が　からからと　まわる。

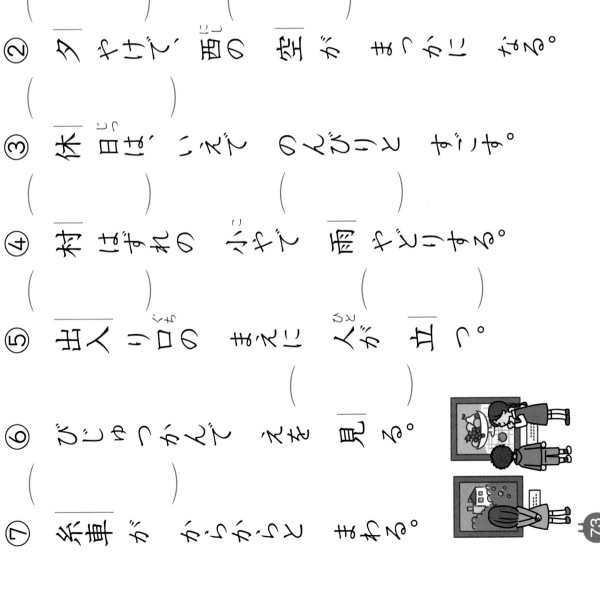

2 □に　あてはまる　かん字(じ)を　かきましょう。

50てん（一(ひと)つ5）

① かばんから　ふでばこを　□(だ)す。

② タイヤに　□□(くうき)を　□(い)れる。

③ じてん□(しゃ)に　のる。

④ えん足(そく)は、□□(うてん)中止(ちゅうし)だ。

⑤ □(むら)は　しずかで、□(まち)は　にぎやかだ。

⑥ かぜで　学校(がっこう)を　□(やす)む。

⑦ まどぎわに　□(た)って、そとを　□(み)る。

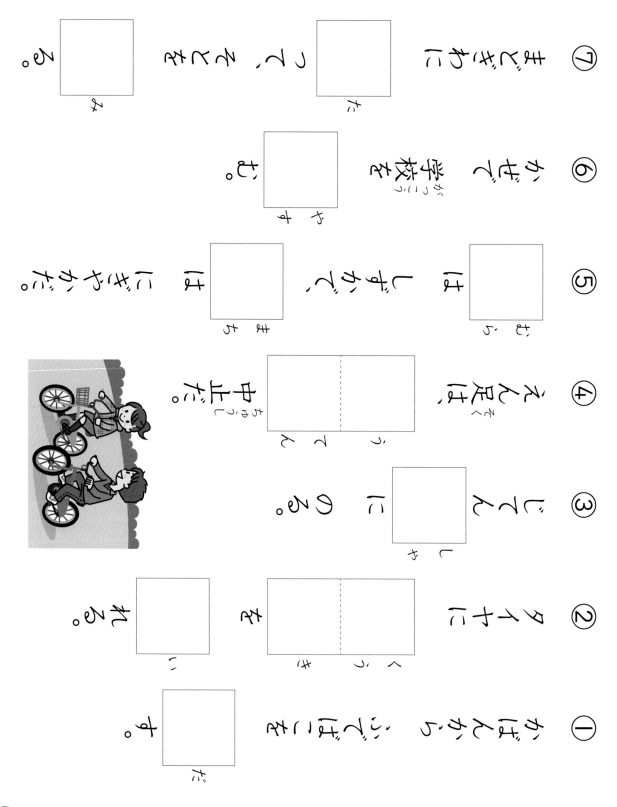

38 しあげの テスト1

名まえ

月　日

もくひょうじかん 15ふん

ごうかく80てん

/100てん

1 □に　あう　かん字を　かきましょう。　20てん(一つ4)

① 一 → □ → 三 → □ → 五

② □ → 九 → □ → 七 → □

2 よみかたに　あう、日づけを　あらわす　かん字を　かきましょう。　40てん(一つ20)

① ごがつついたち　□□□□

② しちがつようか　□□□□

3 □に　あう、曜日を　あらわす　かん字を　かきましょう。　40てん(一つ10)

月曜日 → □曜日 → 水曜日 → □曜日 → □曜日 → □曜日 → 日曜日

39 しあげの テスト2

名まえ

月　日

もくひょうじかん 15ふん

ごうかく80てん

/100てん

1 二つの かん字(じ)を くみあわせた かん字を かきましょう。 60てん(一つ10)

① 立＋日→

② 木＋木→

③ 田＋力→

④ 日＋十→

⑤ 一＋白→

⑥ タ＋口→

2 はんたいの いみの かん字を かきましょう。 20てん(一つ5)

① 上↔

② 大↔

③ 左↔

④ 出↔

3 かん字の よみかたを 二つ かきましょう。 20てん(一つ5)

① 水

② 本

40 しあげの テスト３

名まえ

月　日

もくひょうじかん15ふん

ごうかく80てん

/100てん

1 ①〜④に　あてはまる　かん字(じ)を、あとの　[　]から　えらびましょう。

80てん（一つ10）

① かずを　あらわす。　□□

② 曜(よう)日を　あらわす。　□□

③ からだの　ぶぶんを　あらわす。　□□

④ 色(いろ)を　あらわす。　□□

足	赤	木	百	耳	青	火	千

2 正しい　かきじゅんに　○を　つけましょう。

20てん（一つ5）

① ㋐（　）一 ナ 右
　 ㋑（　）ノ ナ 右

② ㋐（　）一 ナ 左
　 ㋑（　）ノ ナ 左

③ ㋐（　）F 冃 耳
　 ㋑（　）F 王 耳

④ ㋐（　）亅 亅ヽ 小
　 ㋑（　）ノ ハ 小

41 しあげの テスト4

名まえ

月　日

もくひょうじかん 15ふん

ごうかく80てん

/100てん

1 かたちの　にた　かん字(じ)を　□に　かきましょう。　40てん(一つ10)

① あ ライオンは、百じゅうの □(おう) だ。

　 い 水□(たま) もようの　ようふくを　きる。

② あ 山の　ふもとの　小さな □(むら)。

　 い うみべに　そって　まつ□(ばやし) が　つづく。

2 ——の　ことばを　かん字と　おくりがなで　かきましょう。　60てん(一つ20)

① いもうとが　<u>うまれる</u>。

② こたえは　<u>ただしい</u>。

③ からだを　<u>やすめる</u>。

42 しあげの テスト5

名まえ　　月　日　もくひょうじかん15ふん　ごうかく80てん　/100てん

1　□から　なかまはずれの　かん字を　一つ　えらんで、（　）に　かきましょう。　70てん（一つ14）

① 青　糸　赤　白　（　）

② 林　森　音　竹　（　）

③ 田　犬　虫　貝　（　）

④ 口　手　目　子　（　）

⑤ 金　大　水　日　（　）

2　あいて　いる　ところに、日づけの　よみかたを　かきましょう。　30てん（一つ10）

一日	ついたち	二日	①
三日	みっか	四日	②
五日	③	六日	むいか

43 しあげの テスト6

名まえ

月　日

もくひょうじかん 15ふん

ごうかく80てん

/100てん

1 □に あてはまる かん字(じ)を、あとの □ から えらびましょう。

60てん(一つ10)

① 学□　② 見□　③ 休□

④ □村　⑤ □円　⑥ □花

千　年　草　日　山　本

2 ――の ことばを かん字と おくりがなで かきましょう。

20てん(一つ10)

① あには、ここのつに なる。

② いく じかんが はやまる。

3 かん字の よみかたを 二つ かきましょう。

20てん(一つ5)

① 犬（　　）（　　）

② 竹（　　）（　　）

こたえ 1年の かん字

1 きほんのドリル　P.2

❶（かたかなをなぞる。）
❷（じゅんに）ヨットに○・ボタンに○

おうちの方へ

カタカナは、一年と二年で学習することになっていますが、生活のいろいろな場面で使われていますから、言ったり書いたりできるようにしましょう。

とめ、はね、はらいなど、形に注意し、書き順にも気をつけて書くようにしましょう。

❶・❷「アとマ」「シとツ」「ソとン」「チとテ」「ヨとヲ」など、形の似ているかたかなに注意しましょう。
のばす音は「ー」と書きます。つまる音の「ッ」や、「ャ」「ュ」「ョ」は、小さく書きます。

「モ」や「ヤ」といった、ひらがなに形が似ているかたかなは、ひらがなとのちがいに注意して書きましょう。

2 きほんのドリル　P.3～4

❶①いち　②ひと　③ふた　④みっ
❷①一　②一　③二　④二　⑤三　⑥三

3 きほんのドリル　P.5～6

❶①よっ　②ご　③いつ　④むっ
❷①四　②四　③五　④五　⑤六　⑥六

4 きほんのドリル　P.7～8

❶①なな　②やっ　③きゅう　④ここの
❷①七　②七　③八　④八　⑤九　⑥九

5 きほんのドリル　P.9～10

❶①じゅうにん　②とおか　③ひゃくねん　④せんえん
❷①十　②十　③百　④百　⑤千　⑥千

おうちの方へ

❷②「十」は、「十回」「十本」と書いたときは、「じっかい」「じっぽん」と読みます。

6 まとめのテスト1　P.11～12

❶①いっ　②よ・ふた　③せん・ごひゃく　④く・しち　⑤むっ　⑥さん　⑦はちじゅう
❷①九　②六・四　③七　④三百　⑤一・十　⑥二千・五　⑦八

おうちの方へ

❶漢数字は、数えるものによって、しばしば読み方が変わります。「一（いち）」が「ひと（つ）」となったり、「いっ」となったりします。また、「いっ（ぽん）」「ごひゃく」を、「いつ（ぽん）」「ごひやく」と書かないように気をつけましょう。
❷漢字の書き取りでは、漢字の「はね」や「とめ」や「はらい」などに注意して、正しく書くようにしましょう。学校のテストでは、正しく書かないと×になるので、日ごろからていねいに書くように心がけましょう。
⑦「八」を「よう」と読むのは、「八日」など、限られた場合です。また、日づけには、「一日（ついたち）」「二日（ふつか）」「二十日（はつか）」など、特別な読み方があるので、覚えておきましょう。

7 きほんのドリル P.13～14

1 ①ほんじつ ②ゆうひ ③しょうがつ ④つきみ

2 ①日 ②日 ③日 ④月 ⑤月 ⑥月

おうちの方へ

2 ②「本日」は、「きょう、この日」という意味の改まった言い方で、おもに文章の中で使われます。

8 きほんのドリル P.15～16

1 ①かざん ②ひばな ③すい ④みずたま

2 ①火 ②火 ③火 ④水 ⑤水 ⑥水

おうちの方へ

2 ①～③「火」は、一・二画目の点の向きに注意します。④～⑥「水」は、「ｱ」が「ｼ」とならないよう注意しましょう。

9 きほんのドリル P.17～18

1 ①どぼく ②くさき（そうもく） ③かね ④あかつち

2 ①木 ②木 ③金 ④金 ⑤土 ⑥土

おうちの方へ

2 曜日を表す「日・月・火・水・木・金・土」の漢字は、学校生活や日常生活でよく使われるので、しっかり覚えましょう。

10 まとめのテスト2 P.19～20

1 ①か ②がつ・ひ ③みず ④きん・にち ⑤ど・び ⑥き ⑦かね

2 ①土 ②月日 ③月 ④金 ⑤水・火 ⑥土・木 ⑦木・水

おうちの方へ

1 漢字の中には、いくつもの読み方を持ったものがあるので、文に合った読み方を考えましょう。

2 ②・⑤「ひ」という読みを持つ漢字には、「日」もあれば「火」もあります。文をよく読んで、どのような意味の漢字が入るかを考えましょう。

11 きほんのドリル P.21～22

1 ①じんこう ②でぐち ③めだま ④そらみみ

2 ①口 ②口 ③目 ④目 ⑤耳 ⑥耳

おうちの方へ

2 ②「じんこう」には、「人口」と「人工」（「工」は二年で学習）がありますが、文の意味から考えて、人の数が多くなるという意味の言葉が入るので、「人口」が正しい答えです。⑥「きき耳を立てる」とは、物音や話し声などをよく聞こうと注意することです。

12 きほんのドリル P.23～24

1 ①みぎて ②どそく ③あしおと ④がくりょく

2 ①手 ②手 ③足 ④足 ⑤力 ⑥力

おうちの方へ

1 ①「手」は、「上手」と書くと、「うわて」「かみて」と読みますが、特別な読み方で「じょうず」とも読みます。

2 ③「足」は、くつやくつ下など、一対のはき物を数えるときに使う言葉です。⑤「力作」とは、力をこめて作り上げた作品のことです。

13 きほんのドリル P.25～26

1 ①めいじん ②だんし ③おおおとこ ④おんな

2 ①人 ②人 ③男 ④男 ⑤女 ⑥女

おうちの方へ

2 ①「人気」は、「にんき」と「ひとけ」の二つの読み方があります。「人気」は世の中の評判、「人気」は人のいる気配のことです。意味のちがいに気をつけましょう。

14 きほんのドリル P.27～28

1 ①じょし ②こいぬ ③おう ④じょおう

2 ①子 ②子 ③子 ④子 ⑤王 ⑥王

おうちの方へ

1 ③「王」の読みは、「おう」です。「おおさま」などとまちがえないようにしましょう。

2 ③「子ども」は小さいということに引きずられて「小ども」と書かないように注意しましょう。

15 まとめのテスト3 P.29〜30

1 ①おうじ ②て・みみ ③め・くち ④ひと・あし ⑤だんし ⑥おんな ⑦ちから

2 ①男 ②手足 ③女 ④子 ⑤目・耳 ⑥口・王 ⑦人・力

おうちの方へ

1 ③「目は口ほどにものをいう」は、目つきは、口で話すのと同じように気持ちを伝えるという意味を表す表現です。④「足がはやい」は、この場合、走ることが速いという意味を表します。⑦「力」は、かたかなの「カ」に似ていますが、前後の文から意味を考えれば見分けられます。

2 ⑤「目」には、「日」という形の似た字があるので、気をつけましょう。

16 きほんのドリル P.31〜32

1 ①がっこう ②まな ③きゅうこう ④な

2 ①学 ②学 ③校 ④校 ⑤名 ⑥名

おうちの方へ

1 ①「学校」のように、「学」のあとにカ行の音がくる熟語の場合、「学」は「がく」と読まずに「がっ」と読みます。

17 きほんのドリル P.33〜34

1 ①としうえ ②せんじつ ③がくせい ④う

2 ①年 ②年 ③先 ④先 ⑤生 ⑥生

おうちの方へ

1 ③・④「生」には、多くの読み方がありま す。送りがなや上・下につく言葉から意味を考えて、正しく読めるようにしましょう。

2 ①「とし」は、「あたらしい年」のように一年（十二か月間）を意味しますが、「年をとる」のように年れいの意味で使うこともあります。

18 きほんのドリル P.35〜36

1 ①じ ②ぶんがく ③ほんじつ ④てほん

2 ①字 ②字 ③文 ④文字 ⑤本 ⑥本

おうちの方へ

2 ⑤「根本」は、「根元」（「元」は二年で学習）とも書きます。

19 きほんのドリル P.37〜38

1 ①おん ②あしおと ③ひゃくえん ④みずたま

2 ①音 ②音 ③円 ④円 ⑤玉 ⑥玉

おうちの方へ

1 ③「円」は、まるいという意味もありますが、「百円」のように、お金の単位として使われることもあります。

2 ①・②「音」の「日」の部分を「目」としないように気をつけましょう。

⑤・⑥「玉」は、五画目の「丶」を忘れないようにしましょう。

20 まとめのテスト4 P.39〜40

1 ①たま ②ほん・じ ③な・がくねん ④がっこう・せんせい ⑤ね ⑥えん ⑦ぶん

2 ①円 ②本文 ③字 ④玉 ⑤年生・名 ⑥校・学 ⑦音・先

おうちの方へ

1 ⑤「音色」は、「ねいろ」とも「おんしょく」とも読みます。

2 ①「まるい」には、「円い」と「丸い」（「丸」は二年で学習）があります。「円い」は「円い輪」など円形の場合に使い、「丸い」は「丸いボール」のように立体的に丸い形の場合に使います。③「字」と⑥「学」は字の形が似ているので気をつけましょう。

21 きほんのドリル P.41～42

❶ ①だいしょう ②おお ③くうちゅう ④ちい

❷ ①大 ②大 ③中 ④中 ⑤小 ⑥小

おうちの方へ

❶ ①「大小」は、「大きいものと小さいもの。大きいことと小さいこと。」という意味です。②「大きい」の読みは、「おおきい」です。「おうきい」などと書かないようにしましょう。

22 きほんのドリル P.43～44

❶ ①じょうげ ②としうえ ③てんか ④しょうがつ

❷ ①上 ②上下 ③下 ④下 ⑤正 ⑥正

おうちの方へ

❷ ⑤・⑥「正」の字は、画数が五画なので、数を数えるときに使うことがあります。一画ずつ書いて、一から五まで数えます。

23 きほんのドリル P.45～46

❶ ①さゆう ②みぎて ③ひだりあし ④はやくち

❷ ①右 ②右 ③左右 ④左 ⑤早 ⑥早

おうちの方へ

❷ ②「右」と④「左」のように、形がよく似ている字に気をつけましょう。書き順にも注意します。

24 きほんのドリル P.47～48

❶ ①あか ②せいねん ③あおぞら ④くうはく

❷ ①赤 ②赤 ③青 ④青 ⑤白 ⑥白

おうちの方へ

❶ 「赤」は、「真っ赤」と書くと、「まっか」という特別な読み方になります。「青」は、「真っ青」と書くと、「まっさお」という特別な読み方になります。ただし、「真っ白」は「まっしろ」と読み、特別な読み方にはなりません。

25 まとめのテスト5 P.49～50

❶ ①ただ ②あか・あお ③はや・しろ ④ひだり・なか ⑤だいしょう ⑥じょうげ ⑦みぎ

❷ ①正 ②左右 ③青 ④赤白 ⑤早・中 ⑥上・下 ⑦大・小

おうちの方へ

❶ ⑤「大小」、⑥「上下」は、どちらも反対の意味の漢字を並べた熟語です。

❷ ②「左右」も、反対の意味の漢字を並べた熟語です。「右」と「左」は、形は似ていますが、一・二画目の書き順がちがうので、気をつけましょう。⑥「上」は、縦線が一画目です。書き順をまちがえやすいので注意しましょう。

26 きほんのドリル P.51～52

❶ ①かざん ②やま ③かわかみ ④た

❷ ①山 ②山 ③川 ④川 ⑤田 ⑥田

おうちの方へ

❶ ③「川」の一画目は、左へはらいます。

❷ ④「川下」とは、川の流れていくほう、河口に近いほうをいいます。川下の反対は「川上」です。⑤「田園」とは、田んぼや畑などが続く、緑が多い土地のことです。

27 きほんのドリル P.53～54

❶ ①せき ②こいし ③くさばな ④か

❷ ①石 ②石 ③草 ④草 ⑤花 ⑥花

おうちの方へ

❶ ③「草花」は、上下の漢字をどちらも訓読みする熟語です。

❷ ④「草」と⑥「花」の部首は、どちらもくさかんむり（艹）です。

28 きほんのドリル P.55～56

❶ ①たけ ②あおだけ ③さんりん ④しんりん

❷ ①竹 ②竹 ③林 ④林 ⑤森 ⑥森林

おうちの方へ

❷ ⑥「森林」は、似た意味の漢字を並べた熟語です。「木」「林」「森」は、字の意味も形も似ているので、あわせて覚えましょう。

29 きほんのドリル　P.57〜58

❶ ①めいけん　②ちゅう　③あおむし　④かい

❷ ①犬　②犬　③虫　④虫　⑤貝　⑥貝

おうちの方へ

❷ ①「子犬」は、生まれたばかりの（子どもの）犬のことです。「小犬」と書くと、小さい犬のことを表します。

30 まとめのテスト6　P.59〜60

❶ ①くさばな　②た・むし　③かわ・かい　④やま・いし　⑤しんりん　⑥いぬ　⑦たけ

❷ ①貝　②竹林・犬　③石　④森・虫　⑤草花　⑥田　⑦山・川

おうちの方へ

❶ ⑦「竹とんぼ」は、竹をうすくけずってプロペラの形にし、中心に細い棒を差しこんで両手で回して飛ばすおもちゃです。

❷ ②「竹」は、三画目の縦線は止めますが、六画目の縦線ははねます。⑦「川」は、左から順に書きます。二画目は一画目よりも少し短く、三画目はいちばん長く書きます。一画目は左にはらいますが、二画目は、はらわずに止めます。

31 きほんのドリル　P.61〜62

❶ ①くうちゅう　②あおぞら　③てんき　④おおあめ

❷ ①空　②空　③天　④天　⑤雨　⑥雨

おうちの方へ

❷ ③・④「天」は、一画目を長く書きます。⑤・⑥「雨」は、五〜八画目の「、」の向きに注意して書きましょう。

32 きほんのドリル　P.63〜64

❶ ①ゆうぞら　②ゆうひ　③きりょく　④け

❷ ①夕　②夕　③夕　④気　⑤気　⑥気

おうちの方へ

❶ ④「気はい（気配）」の「気」は「き」ではなく、「け」と読むことに注意しましょう。「気配」とは、何となく感じる様子のことです。

33 きほんのドリル　P.65〜66

❶ ①けんがく　②み　③た　④きゅうじつ

❷ ①見　②見　③立　④立　⑤休　⑥休

おうちの方へ

❷ ①・②「見」を「貝」と書かないように気をつけましょう。七画目は、上に向かってはねます。

34 きほんのドリル　P.67〜68

❶ ①にゅうがく　②い　③しゅっ　④で

❷ ①入　②入　③入　④出　⑤出　⑥出

おうちの方へ

❷ ①〜③「入」を「人」と書かないように気をつけましょう。②「耳に入る」とは、聞こえてくるという意味の表現です。

35 きほんのドリル　P.69〜70

❶ ①さんそん　②むらびと　③ちょう　④したまち

❷ ①村　②村　③村　④町　⑤町　⑥町

おうちの方へ

❶ ④「下町」とは、土地の低い所にある商工業のさかんな町のことです。

❷ ①〜③「村」の部首はきへん（木）です。きへんの漢字には、ほかに「校」「林」などがあります。

36 きほんのドリル　P.71〜72

❶ ①いとぐるま　②いと　③しゃ　④ぐるま

❷ ①糸　②糸　③糸　④車　⑤車　⑥車

おうちの方へ

❶ ①・②「糸」の四～六画目を「⺌」と書かないようにしましょう。

❷ ①～③「糸」の「幺」の部分は、三画で書きます。④～⑥「車」の縦線は、最後（七画目）に書きます。

37 まとめのテスト7 P.73～74

1 ①てんき ②ゆう・そら ③きゅう ④むら・あま ⑤でい・た ⑥み ⑦いとぐるま

2 ①出 ②空気・入 ③車 ④雨天 ⑤村・町 ⑥休 ⑦立・見

おうちの方へ

1 ⑤「出入り」は、「ではい（り）」とも読みますが、「出入り口」は「でい（り）ぐち」と読みます。

2 ①「出」は、「山」という字を二つ重ねて書いてはいけません。一画目の縦線は、一筆で長く書きます。②「気」、⑤「村」「町」、⑦「見」のはねる部分に気をつけて書きましょう。

38 しあげのテスト1 P.75

1 ①（じゅんに）二 四 ②（じゅんに）十 八 六

2 ①五月一日 ②七月八日

3 （じゅんに）火 木 金 土

おうちの方へ

1 まず、漢数字がどのような並び方になっているかをとらえることが大事です。①は、数の少ないほうから多いほうに並んでいます。②は、①とは逆に、数の多いほうから少ないほうに並んでいます。次に、その並び方をとらえたうえで、漢数字をあてはめていきます。

2 日づけを漢字で書く問題です。①「一日」は、ふつうは「いちにち」と読みますが、日づけの読み方としては、「ついたち」という特別な読み方をします。②「八日」は、日づけの読み方としては、「ようか」と読みます。

3 まず、曜日の並び方がどのようになっているかをとらえることが大事です。月曜日から日曜日の順に並んでいることをとらえて、□にあてはめていきます。

39 しあげのテスト2 P.76

1 ①音 ②林 ③男 ④早 ⑤百 ⑥名

2 ①下 ②小 ③右 ④入

3 ①みず・すい ②もと・ほん （①・②はそれぞれ順不同）

おうちの方へ

1 組み合わせ方として、漢字の上の部分と下の部分の組み合わせなのか、左の部分と右の部分の組み合わせなのかを考えます。②「林」は、「木」を二つ組み合わせた漢字ですが、「木」を三つ組み合わせると「森」という漢字になります。

2 漢字の意味をとらえることが大事です。反対の意味の言葉を考え、その言葉を漢字にあてはめればよいのです。

3 漢字の中には一つしか読みのないものもありますが、ほとんどの漢字には二つ以上の読みがあります。漢字の読み方を覚えるときには、漢字だけで覚えるのは難しいので、たとえば「水」の場合なら、「水を飲む」「水曜日」など、その漢字を使った言葉や短文で覚えるとよいでしょう。

40 しあげのテスト3 P.77

1 ①百・千 ②木・火 ③足・耳 ④赤・青 （①～④はそれぞれ順不同）

2 ①（い） ②（あ） ③（い） ④（あ）

おうちの方へ

1 ③一年で習う「体の部分を表す漢字」には、「目」「耳」「口」「足」「手」があります。④一年で習う「色を表す漢字」には、「赤」「青」「白」があります。

2 まちがえやすい漢字の書き順の問題です。特に、①「右」と②「左」の書き順はまちがえやすいので、気をつけましょう。

41 しあげのテスト4 P.78

1 ①あ王 い玉 ②あ村 い林

2 ①生まれる ②正しい ③休める

おうちの方へ

1 ①「王」に「丶」をつけると、「玉」になります。②漢字の左の部分（きへん「木」）は同じですが、右の部分はちがいます。

2 漢字の学習では、漢字を覚えるだけでなく、送りがなもいっしょに覚えるようにしましょう。①「生れる」などと書かないようにします。②「正だしい」などと書かないようにします。③「休すめる」などと書かないようにします。このほかに、「上げる」・「上る」、「下げる」・「下る」、「入れる」・「入る」、「大きい」、「小さい」なども、送りがなをまちがえやすいので気をつけましょう。

42 しあげのテスト5 P.79

1 ①糸 ②音 ③田 ④子 ⑤大

2 ①ふつか ②よっか ③いつか

おうちの方へ

1 各グループに共通する要素は何か、考えましょう。①「糸」以外は、色を表す漢字です。②「音」以外は、自然の中にあるものを表す漢字です。③「田」以外は、生き物を表す漢字です。④「子」以外は、体の部分を表す漢字です。⑤「大」以外は、曜日を表す漢字です。

2 日づけの読み方は、特別な読み方をすることがあるので、気をつけましょう。
①日づけの読み方では、「ににち」とは読まず、「ふつか」という特別な読み方になります。②日づけの読み方では、「よんにち」とは読みません。③日づけの読み方では、「ごにち」とは読みません。

43 しあげのテスト6 P.80

1 ①年 ②本 ③日 ④山 ⑤千 ⑥草

2 ①九つ ②早まる

3 ①いぬ・けん ②たけ・ちく
（①・②はそれぞれ順不同）

おうちの方へ

1 二字の熟語を作る問題です。漢字の学習では、漢字を覚えるだけでなく、その漢字と組み合わせて熟語になる漢字があれば、いっしょに覚えておきましょう。

2 ①「九のつ」などと書かないようにします。
②「早やまる」などと書かないようにします。

3 ①「いぬ」と読む言葉には「飼い犬」など、「けん」と読む言葉には「名犬」などがあります。②「たけ」と読む言葉には「竹やぶ」など、「ちく」と読む言葉には「竹輪」などがあります。

よみかたさくいん

- 一年生でならうかん字を、音(おん)よみの五十音じゅんにならべています。
- 音よみがないかん字や、小学校で音よみをならわないかん字は、くんよみをのせています。

ア

一	イチ	3
右	ウ	45
雨	ウ	61
円	エン	37
王	オウ	27
音	オン	37

カ

下	カ	43
火	カ	15
花	カ	53
貝	かい	57
学	ガク	31
川	かわ	51
気	キ	63
九	キュウ	7
休	キュウ	65
玉	ギョク	37
金	キン	17
空	クウ	61
月	ゲツ	13
犬	ケン	57
見	ケン	65
五	ゴ	5
口	コウ	21
校	コウ	31

サ

左	サ	45
三	サン	3
山	サン	51
子	シ	27
四	シ	5
糸	シ	71
字	ジ	35
七	シチ	7
車	シャ	71
手	シュ	23
十	ジュウ	9
出	シュツ	67
女	ジョ	25
小	ショウ	41
上	ジョウ	43
森	シン	55
人	ジン	25
水	スイ	15
生	セイ	33
正	セイ	43
青	セイ	47
石	セキ	53
赤	セキ	47
千	セン	9
先	セン	33
早	ソウ	45
草	ソウ	53
足	ソク	23
村	ソン	69

タ

大	ダイ	41
男	ダン	25
竹	チク	55
中	チュウ	41
虫	チュウ	57
町	チョウ	69
天	テン	61
田	デン	51
土	ド	17

ナ

二	ニ	3
日	ニチ	13
入	ニュウ	67
年	ネン	33

ハ

白	ハク	47
八	ハチ	7
百	ヒャク	9
文	ブン	35
木	ボク	17
本	ホン	35

マ

耳	みみ	21
名	メイ	31
目	モク	21

ヤ

夕	ゆう	63

ラ

立	リツ	65
力	リョク	23
林	リン	55
六	ロク	5